Ganz kurz ein paar Hinweise:

Bitte lesen Sie primär nur den englischen Text
auf der Hauptzeile.
Bei Unklarheiten springen Sie runter
zur Übersetzungszeile.
Nicht die Übersetzungszeile im Fluss lesen!

Punktiert unterstrichene Wörter gehören zusammen.

Eine Zahl 1... zeigt an, dass zu dem Wort noch
ein zweites Wort ...1 dazugehört.

Text in eckigen Klammern [ ] = Anmerkung des Übersetzers

Da ein Wort mehrere Bedeutungen haben kann ...
Es ist diejenige Bedeutung angegeben, die das Wort
im vorliegenden Zusammenhang hat (mit Tendenz
zur Hauptbedeutung).

In Grenzfällen wurde die Praxisnähe bevorzugt gegenüber
wissenschaftlicher Genauigkeit.

Bibliografische Information der Deutschen Nationalbibliothek:

Die Deutsche Nationalbibliothek verzeichnet diese Publikation
in der Deutschen Nationalbibliografie.

Detaillierte bibliografische Daten sind im Internet abrufbar
über http://dnb.d-nb.de

Arthur Conan Doyle/Katharina Jürgens:
The Lost Special/Der verschollene Sonderzug
Lektüre zweisprachig, Englisch/Deutsch
wörtlich übersetzt – jedes Wort einzeln –
auf eingefügter Zwischenzeile

Lesespaß ohne lästiges Nachschlagen!

Übersetzerin: Katharina Jürgens
Herausgeber: Harald Holder
Die Texte wurden an einigen Stellen behutsam dem Zweck angepasst.

ISBN: 978 – 3 – 94 33 94 – 15 – 3

Druck und Bindung: Books on Demand GmbH, Norderstedt
Printed in Germany

www.holder-augsburg-zweisprachig.de

Table of Contents
Inhaltsverzeichnis

The Lost Special
Der verschollene Sonderzug

The confession of Herbert de Lernac, now lying under sentence of
Das Gestädnis von Herbert de Lernac jetzt liegend unter Urteil von

death at Marseilles, has thrown a light upon one of the most
Tod in Marseille hat geworfen ein Licht auf eines von den

inexplicable crimes of the century—an incident which is, I believe,
unerklärlichsten Verbrechen von dem Jahrhundert ein Ereignis welches ist ich glaube

absolutely unprecedented in the criminal annals of any country:
absolut beispiellos in der Kriminalgeschichte von jedem Land

Although there is a reluctance to discuss the matter in official circles,
Obwohl da ist ein Widerwille zu diskutieren die Sache in offiziellen Kreisen

and little information has been given to the Press, there are still
und wenig Information hat geworden gegeben an die Presse, dort sind noch

indications that the statement of this arch-criminal is corroborated by
Anzeichen dass die Aussage von diesem Erzkriminellen ist bestätigt durch

the facts, and that we have at last found a solution for a most
die Fakten und dass wir haben endlich gefunden eine Lösung für eine höchst

astounding business.
erstaunliche Angelegenheit

As the matter is eight years old, and as its importance was somewhat
Da die Sache ist acht Jahre alt und da ihre Bedeutung wurde etwas

obscured by a political crisis which was engaging the public
verdeckt von einer politischen Krise welche war beschäftigend die öffentliche

obscured = in den Hintergrund gedrängt

attention at the time, it may be as well to state the facts as far as
Aufmerksamkeit zu der Zeit es mag sein ebenso gut darzulegen die Fakten so weit wie

we have been able to ascertain them.
wir haben seiend fähig festzustellen diese

They are collated from the Liverpool papers of that date, from
Sie sind zusammengetragen aus den Liverpooler Unterlagen von jenem Datum aus

collated = zusammengetragen, geprüft, abgeglichen

the proceedings at the inquest upon John Slater, the
den Verfahren bei der Untersuchung gerichtet auf John Slater den

engine-driver, and from the records of the London and West Coast
Lokomotivführer und aus den Aufzeichnungen von der Londoner und Westküsten-

Railway Company, which have been courteously put at my disposal.
Eisenbahngesellschaft welche haben geworden höflich gestellt zu meiner Verfügung

Briefly, they are as follows: On the 3rd of June, 1890, a gentleman,
In Kürze sie sind wie folgt An dem dritten von Juni 1890 ein Herr

who gave his name as Monsieur Louis Caratal, desired an interview
der angab seinen Namen als Herr [franz.] Louis Caratal wünschte eine Unterredung

with Mr. James Bland, the superintendent of the London and West
mit Herrn James Bland dem Leiter von dem Londoner und West-

Coast Central Station in Liverpool. He was a small man, middle-aged
küsten- Hauptbahnhof in Liverpool Er war ein kleiner Mann mittleren Alters

and dark, with a stoop which was so marked that it
und dunkel mit einer gebeugten Haltung die war so ausgeprägt dass sie

suggested some deformity of the spine.
deutete hin (auf) irgendeine Missbildung von der Wirbelsäule

He was accompanied by a friend, a man of imposing physique,
Er wurde begleitet von einem Freund, einem Mann von imposantem Körperbau

whose deferential manner and constant attention showed that his
dessen respektvolle Art und anhaltende Aufmerksamkeit zeigte dass seine

position was one of dependence. This friend or companion, whose
Stellung war eine von Abhängigkeit Dieser Freund oder Begleiter dessen

name did not transpire, was certainly a foreigner, and probably
Name tat nicht sich herausstellen war sicherlich ein Ausländer und wahrscheinlich

from his swarthy complexion, either a Spaniard or a South American.
von seiner dunklen Gesichtsfarbe entweder ein Spanier oder ein Südamerikaner

One peculiarity was observed in him. He carried in his left hand a
Eine Eigentümlichkeit wurde beobachtet an ihm Er trug in seiner linken Hand einen

small black, leather dispatch box, and it was noticed by a sharp-eyed
kleinen schwarzen Lederaktenkoffer und es wurde bemerkt von einem scharfsichtigen

clerk in the Central office that this box was fastened to
Angestellten in dem Hauptbüro dass dieser Kasten [hier: Koffer] war befestigt an

his wrist by a strap. No importance was attached to the fact
seinem Handgelenk mit einem Riemen Keine Bedeutung wurde begemessen (zu) der Tatsache

at the time, but subsequent events endowed it with some significance.
zu der Zeit aber nachfolgende Ereignisse statteten aus es mit einiger Bedeutung

Monsieur Caratal was shown up to Mr. Bland's office, while his
Herr [franz.] Caratal wurde geführt herauf zu Herrn Blands Büro während sein

companion remained outside. Monsieur Caratal's business was
Begleiter blieb draußen Herrn [franz.] Caratals Angelegenheit war

quickly dispatched. He had arrived that afternoon from Central
schnell erledigt Er hatte eingetroffen jenen Nachmittag aus Mittel-

America. Affairs of the utmost importance demanded that he
amerika Angelegenheiten von der höchsten Wichtigkeit verlangten dass er

should be in Paris without the loss of an unnecessary hour. He had
sollte sein in Paris ohne den Verlust von einer unnötigen Stunde Er hatte

missed the London express. A special must be provided. Money
verpasst den Londoner Express[zug] Ein Sonderzug musste werden bereitgestellt Geld

was of no importance. Time was everything. If the company
war von keiner Bedeutung Zeit war alles Wenn die [Eisenbahn]gesellschaft

would speed him on his way, they might make their own terms.
würde beschleunigen ihn auf seinem Weg sie konnten machen ihre eigenen Bedingungen
speed him on his way = ihn verabschieden

Mr. Bland struck the electric bell, summoned Mr. Potter
Herr Bland schlug [hier: läutete] die elektrische Klingel rief zu sich Herrn Potter

Hood, the traffic manager, and had the matter arranged in five
Hood den Verkehrsdirektor und hatte die Sache veranlasst in fünf

minutes. The train would start in three-quarters of an hour. It would
Minuten Der Zug würde starten in drei Vierteln von einer Stunde Es würde

take that time to insure that the line should be clear.
[in Anspruch] nehmen diese Zeit [sich] zu versichern dass die Strecke sollte sein frei

The powerful engine called Rochdale (No. 247 on the company's
Die [leistungs]starke Maschine genannt Rochdale Nr. 247 auf dem Gesellschafts-

register) was attached to two carriages, with a guard's van behind.
register) war verbunden mit zwei Wagen mit einem Schaffnerwagen dahinter

The first carriage was solely for the purpose of decreasing the
Der erste Wagen war ausschließlich für den Zweck von senkend die

inconvenience arising from the oscillation. The second was divided, as
Unannehmlichkeit erwachsend von der Schwingung Der zweite war unterteilt wie

usual, into four compartments, a first-class, a first-class
üblich in vier Abteile ein Erste-Klasse-[Abteil], ein Erste-Klasse-

smoking, a second-class, and a second-class smoking. The first
Raucher[abteil] ein Zweite-Klasse-[Abteil] und ein Zweite-Klasse-Raucher[abteil] Das erste

compartment, which was nearest to the engine, was the one allotted
Abteil welches war am nächsten an der Maschine war das (eine) zugeteilt

to the travellers. The other three were empty.
zu den Reisenden Die anderen drei waren leer

The guard of the special train was James McPherson, who had been
Der Schaffner von dem Sonderzug war James McPherson der hatte gewesen

some years in the service of the company. The stoker, William Smith,
einige Jahre in dem Dienst von der Gesellschaft Der Heizer William Smith

was a new hand. Monsieur Caratal, upon leaving the
war eine neue Hand [hier:Arbeiter] Herr [franz.] Caratal nach verlassend des

superintendent's office,   rejoined   his companion, and both of
Leiters   Büro (sich) wieder anschloss seinem Begleiter   und beide von

them manifested extreme impatience to be off. Having paid the
ihnen   zeigten   extreme   Ungeduld   zu sein weg Habend gezahlt das
                                        to be off = zu gehen

money asked, which amounted to fifty   pounds   five   shillings,
Geld erbeten welches belief (sich) auf fünfzig Pfund [Währung] fünf Schillinge [Währung]

the usual special rate of five shillings a mile, they demanded to
der übliche   Spezialtarif von fünf Schillingen pro Meile sie   verlangten zu

be shown   the   carriage, and at once took their seats in it,
bekommen gezeigt den Eisenbahnwagen and sogleich einnahmen ihre Sitze in ihm

although they were assured that the better part of an hour must
obwohl   sie wurden versichert dass der bessere Teil von einer Stunde musste
                                  the better part of an hour = fast eine Stunde

elapse before the line could be   cleared.
vergehen bevor   die Strecke konnte sein frei gemacht

In the meantime a   singular coincidence had occurred in the office
In der Zwischenzeit ein eigentümlicher Zufall   hatte aufgetreten in dem Büro

which Monsieur Caratal had just quitted. A request for a   special
welches Herr [franz.] Caratal hatte soeben verlassen Eine Anforderung für einen Sonderzug

is not a very uncommon circumstance in a   rich commercial centre,
ist nicht ein sehr ungewöhnlicher Umstand in einem reichen   Handelszentrum

but that two should be required upon the same afternoon was most
aber dass zwei sollten sein angefordert an dem selben Nachmittag war höchst

unusual. It so happened, however, that Mr. Bland had hardly
ungewöhnlich Es so geschah   jedoch dass Herr Bland hatte kaum

dismissed the first traveller before a second entered with a similar
abgefertigt den ersten Reisenden bevor ein zweiter eintrat mit einer ähnlichen

request.
Bitte

This was a Mr. Horace Moore, a gentlemanly man of
Dieser war ein Herr Horace Moore ein vornehmer Herr von

military appearance, who alleged that the sudden serious illness of
militärischem Äußeren der behauptete dass die plötzliche ernste Erkrankung von

his wife in London made it absolutely imperative that he should not
seiner Frau in London machte es absolut zwingend erforderlich dass er sollte nicht

lose an instant in   starting   upon the journey.
verlieren einen Augenblick in beginnend [hier:antretend] (an,auf) die Reise

His distress and anxiety were so evident that Mr. Bland did all that
Seine Verzweiflung und Sorge   waren so offensichtlich dass Herr Bland tat alles was

was possible to meet his wishes. A second special was
war   möglich zu erfüllen seine Wünsche Ein zweiter Sonderzug war

out of the question, as the ordinary **local service** was already somewhat
außer Frage   da der planmäßige Orts[fahr]betrieb war   bereits   ein wenig

deranged by the   **first.**   **There was the alternative, however, that**
gestört von dem ersten [Sonderzug] Da   war die Alternative   jedoch   dass

Mr. Moore should share the expense   **of Monsieur Caratal's train,**
Herr Moore sollte teilen den Kostenaufwand von Herrn [franz.] Caratals Zug

expense(s) = Kosten, Aufwendungen, Ausgaben

and should travel in the other empty first-class compartment, if
und sollte reisen in dem anderen leeren   Erste-Klasse-Abteil   wenn

Monsieur Caratal objected to having him in the one which he
Herr [franz.] Caratal ablehnte zu habend ihn in dem (einen) welches er

occupied.
belegte

It was difficult to see   **any**   **objection to such an arrangement, and**
Es war schwer zu erkennen irgendeine Beanstandung an solch einer Vereinbarung und

yet Monsieur Caratal, upon the suggestion being made to him by Mr.
doch Herr [franz.] Caratal auf den Vorschlag seiend gemacht (zu) ihm durch Herrn

Potter Hood, absolutely refused to consider it for an instant. The train
Potter Hood absolut ablehnte zu erwägen es für einen Moment Der Zug

was his, he said, and he would insist upon the exclusive use of it.
war sein er sagte und er würde bestehen auf dem exklusiven Gebrauch von ihm

All argument failed to overcome his ungracious objections, and
Jedes Argument versagte zu überwinden seine ungnädigen Einwände und

finally the plan had to be abandoned. Mr. Horace Moore left the
schließlich der Plan hatte zu sein aufgegeben Herr Horace Moore verließ den

station in great distress, after learning that his only course was to
Bahnhof in großer Verzweiflung nach lernend dass sein einziger Kurs [Möglichkeit] war zu

take the ordinary slow train which leaves Liverpool at six o'clock.
nehmen den gewöhnlichen langsamen Zug welcher verlässt Liverpool um sechs [auf der] Uhr

o'clock = on the clock/ of the clock = auf der Uhr/ von der Uhr

At four thirty-one exactly by the station clock the special train,
Um vier[Uhr] einunddreißig genau nach der Bahnhofsuhr der Sonderzug

containing the crippled Monsieur Caratal and his gigantic companion,
enthaltend den verkrüppelten Herrn [franz.] Caratal und seinen riesigen Begleiter

steamed out of the Liverpool station. The line was at that time clear,
dampfte heraus aus dem Liverpooler Bahnhof Die Strecke war zu jener Zeit frei

and there should have been no stoppage before Manchester.
und da sollte haben gewesen kein Halt vor Manchester

The trains of the London and West Coast Railway run over the lines
Die Züge von der Londoner und Westküsten- Eisenbahn fahren über die Strecken

8

of another company   as far as   this town, which should have
von einer weiteren Gesellschaft so weit wie [hier:bis zu] diese Stadt welche sollte haben

been   reached by the special rather before six o'clock.   At a quarter
geworden erreicht von dem Sonderzug eher   vor   sechs [auf der] Uhr Um ein Viertel

after six considerable surprise and some consternation were caused
nach sechs erhebliche   Überraschung und einige Fassungslosigkeit wurden verursacht

amongst the officials at Liverpool by the receipt of   a telegram from
unter   den Beamten in   Liverpool durch den Erhalt von einem Telegramm aus

Manchester saying that   it   had not yet   arrived.
Manchester   sagend dass er [der Zug] hatte noch nicht angekommen

An inquiry directed to   St. Helens,   which is a third of the way
Eine Untersuchung gerichtet auf St. Helens [Ortsname] welche ist ein Drittel von dem Weg

between the two cities, elicited the following reply— "To James
zwischen den zwei Städten löste aus die folgende Antwort   An James

Bland, Superintendent,   Central L. & W. C., Liverpool.—Special
Bland   Leiter   [Abk.f. Name der Bahngesellschaft] Liverpool   Sonderzug

passed here at 4:52, well up to time.—Dowster, St. Helens."
fuhr durch hier um 4:52 gut auf zur Zeit   [Eigenname] St.Helens
                         well up to time = gut im Zeitplan

This telegram was received at   six-forty.   At   six-fifty   a
Dieses Telegramm wurde erhalten um sechs [Uhr]vierzig Um sechs [Uhr] fünfzig eine

second message was received from Manchester— "No sign of
zweite Nachricht wurde erhalten aus   Manchester   Kein Zeichen von

special as advised by you." And then ten minutes later a third, more
Sonderzug wie angekündigt durch Sie   Und dann zehn Minuten später eine dritte

bewildering— "Presume some mistake as to   proposed running of
verwirrender   Vermuten irgendeinen Fehler hinsichtlich geplantem Betrieb von

special. Local train from St. Helens timed to follow it has just
Spezialzug Vorortszug aus   St. Helens geplant zu folgen ihm hat soeben

arrived   and has seen nothing of it.   Kindly   wire
angekommen und hat gesehen nichts von ihm. Freundlicherweise telegrafieren (Sie)

advices.—Manchester."
Anweisungen   Manchester

The matter was assuming a most amazing   aspect, although in
Die Sache war annehmend ein höchst erstaunliches Erscheinungsbild obwohl in

some respects the last telegram was a   relief   to the authorities at
einigen Punkten das letzte Telegramm war eine Erleichterung für die Beamten in
                  in some respects = in mancher Hinsicht

Liverpool. If an accident had occurred to the special, it seemed
Liverpool Wenn ein Unfall hätte geschehen (zu) dem Sonderzug es schien

9

hardly possible that the local train could have passed down the
kaum möglich dass der Vorortszug konnte haben vorbeigefahren entlang der

same line without observing it. And yet, what was the alternative?
gleichen Strecke ohne beobachtend ihn Und dennoch, was war die Alternative

Where could the train be? Had it possibly been sidetracked for
Wo konnte der Zug sein Hatte er möglicherweise geworden umgeleitet aus

some reason in order to allow the slower train to go past?
irgendeinem Grund um zu erlauben dem langsameren Zug zu fahren vorbei

Such an explanation was possible if some small repair had to be
Solch eine Erklärung war möglich wenn irgendeine kleine Reparatur hatte zu werden

effected. A telegram was dispatched to each of the stations between
durchgeführt Ein Telegramm wurde abgesendet zu jeder von den [Bahn]stationen zwischen

St. Helens and Manchester, and the superintendent and traffic
St. Helens und Manchester und der Leiter und Verkehrs-

manager waited in the utmost suspense at the instrument for the
direktor warteten in der allerhöchsten Spannung an dem Gerät [Telegraf] auf die

series of replies which would enable them to say for certain what had
Serie von Antworten welche würden befähigen sie zu sagen mit Bestimmtheit was hatte

become of the missing train.
geworden aus dem vermissten Zug

The answers came back in the order of questions, which was the
Die Antworten kamen zurück in der Reihenfolge von Fragen welche war die

order of the stations beginning at the St. Helens end— "Special
Reihenfolge von den Stationen beginnend an dem St. Helener Ende Sonderzug

passed here five o'clock.—Collins Green." -- "Special passed here
fuhr vorbei hier fünf Uhr [Stationsname] Sonderzug fuhr vorbei hier

six past five.—Earlstown." -- "Special passed here 5:10.—Newton."
sechs nach fünf [Stationsname] Sonderzug fuhr vorbei hier 5:10 [Stationsname]

"Special passed here 5:20.— Kenyon Junction." -- "No special
Sonderzug fuhr vorbei hier 5:20 Kenyoner Kreuzung [Stationsname] Kein Sonder-

train has passed here.—Barton Moss."
zug hat vorbeigefahren hier [Stationsname]

The two officials stared at each other in amazement. "This is unique
Die zwei Beamten starrten an einander in Erstaunen Dies ist einmalig

in my thirty years of experience," said Mr. Bland. "Absolutely
in meinen dreißig Jahren (von) Erfahrung sagte Herr Bland Absolut

unprecedented and inexplicable, sir. The special has gone wrong
beispiellos und unerklärlich Sir [Anrede] Der Sonderzug hat gegangen falsch
to go wrong: vom Weg abkommen, danebengehen

between Kenyon Junction and Barton Moss." -- "And yet there is
zwischen [Stationsname] und [Stationsname] Und dennoch da ist

no siding, so far as my memory serves me, between the two stations.
kein Rangiergeis so weit wie mein Gedächtnis dient mir, zwischen den beiden Stationen

The special must have run off the metals." -- "But how could
Der Sonderzug muss haben abgekommen von den Gleisen Aber wie konnte

the four-fifty train pass over the same line without observing it?" –
der vier [Uhr] fünfzig Zug fahren über die selbe Strecke ohne bemerkend ihn

"There's no alternative, Mr. Hood. It must be so. Possibly the local
Da ist keine Alternative Herr Hood Es muss sein so Möglicherweise der Vororts-

train may have observed something which may throw some light upon
zug mag haben beobachtet etwas welches mag werfen einiges Licht auf

the matter. We will wire to Manchester for more information,
die Angelegenheit Wir werden telegrafieren nach Manchester für mehr Information[en]

and to Kenyon Junction with instructions that the line be
und nach [Stationsname] mit Anweisungen dass die Strecke [soll] werden

examined instantly as far as Barton Moss."
untersucht sofort so weit wie [hier:bis zu] [Stationsname]

The answer from Manchester came within a few minutes. "No
Die Antwort aus Manchester kam innerhalb [von] ein paar Minuten Keine

news of missing special. Driver and guard of slow train
Nachrichten vom vermissten Sonderzug Fahrer und Schaffner vom langsamen Zug
slow train = Bummelzug, Personenzug

positive no accident between Kenyon Junction and Barton Moss.
absolut sicher kein Unfall zwischen [Stationsname] und [Stationsname]

Line quite clear, and no sign of anything unusual.—Manchester."
Strecke ganz frei und kein Anzeichen von irgendetwas Ungewöhnlichem Manchester

"That driver and guard will have to go," said Mr. Bland, grimly.
Dieser Lokführer und Schaffner werden müssen gehen sagte Herr Bland grimmig

"There has been a wreck and they have missed it. The special has
Da hat gewesen ein Unglück und sie haben übersehen es Der Sonderzug hat

obviously run off the metals without disturbing the
offensichtlich abgekommen von den Gleisen ohne störend [beschädigend] die

line— how it could have done so passes my comprehension—but so
Strecke wie es konnte haben getan so überschreitet mein Verständnisvermögen aber so

it must be, and we shall have a wire from Kenyon or Barton Moss
es muss sein und wir werden haben ein Telegramm von [Stationsname] oder [Stationsname]

presently to say that they have found her at the bottom
bald zu sagen dass sie haben gefunden sie [Zug engl. weiblich] auf dem Grund

of an embankment." But Mr. Bland's prophecy was not destined to
von einem Bahndamm Doch Herrn Blands Prophezeiung war nicht bestimmt zu

be fulfilled. Half an hour passed, and then there arrived the following
werden erfüllt Eine halbe Stunde verging und dann dort traf ein die folgende

message from the station-master of Kenyon Junction— "There are
Nachricht von dem Stationsmeister von [Stationsname] Da sind

no traces of the missing special. It is quite certain that she passed
keine Spuren von dem vermissten Sonderzug Es ist ziemlich sicher dass sie [Zug] vorbeifuhr

here, and that she did not arrive at Barton Moss. We have detached
hier und dass sie tat nicht ankommen in [Stationsname] Wir haben abgekoppelt

engine from goods train, and I have myself ridden down the line, but
Lokomotive vom Güterzug und ich habe selbst gefahren herunter die Strecke aber

all is clear, and there is no sign of any accident."
alles ist frei und da ist kein Anzeichen von irgendeinem Unfall

Mr. Bland tore his hair in his perplexity. "This is rank lunacy, Hood!"
Herr Bland riss sein Haar in seiner Ratlosigkeit Dies ist blanker Irrsinn [Eigenname]
tear one's hair = sich die Haare raufen

he cried. "Does a train vanish into thin air in England in broad
er rief aus Tut ein Zug verschwinden in dünne Luft in England im breiten [vollen]
vanish into thin air = sich in Luft auflösen

daylight? The thing is preposterous. An engine, a tender, two
Tageslicht Die Sache ist unerhört Eine Lokomotive ein Kohlewagen zwei

carriages, a van, five human beings— and all lost on a
Waggons ein Güterwagen fünf menschliche Wesen [Personen] und alle verloren auf einer

straight line of railway! Unless we get something positive within
geraden Strecke von Schienenweg Wenn nicht wir erhalten etwas Positives innerhalb

the next hour I'll take Inspector Collins, and go down myself."
der nächsten Stunde ich werde mitnehmen Inspektor Collins und fahren herunter selbst

And then at last something positive did occur. It took the shape
Und dann endlich etwas Positives tat sich ereignen E s nahm an die Form

of another telegram from Kenyon Junction. "Regret to report that
von einem weiteren Telegramm von [Stationsname] Bedaure zu berichten dass

the dead body of John Slater, driver of the special train, has just
der tote Körper von John Slater Fahrer von dem Sonderzug hat soeben

been found among the gorse bushes at a point two and a quarter
geworden gefunden zwischen den Stechginsterbüschen an einer Stelle zweieinviertel

miles from the Junction. Had fallen from his engine, pitched down
Meilen von der Kreuzung Hatte gefallen von seiner Lokomotive gestürzt herunter

the embankment, and rolled among the bushes. Injuries to his head,
die Böschung und gerollt zwischen die Büsche Verletzungen an seinem Kopf

from the fall, appear to be cause of death. Ground has now been
von dem Sturz scheinen zu sein Ursache von Tod Boden hat nun geworden

carefully examined, and there is no trace of the missing train." The
sorgsam untersucht und da ist keine Spur von dem vermissten Zug Das

country was, as has already been stated, struggling with a political
Land war wie hat bereits geworden erklärt kämpfend mit einer politischen

crisis, and the attention of the public was further distracted by the
Krise und die Aufmerksamkeit von der Öffentlichkeit wurde weiter abgelenkt von den

important and sensational developments in Paris, where a huge
wichtigen und Aufsehen erregenden Entwicklungen in Paris wo ein gewaltiger

scandal threatened to destroy the Government and to wreck the
Skandal drohte zu zerstören die Regierung und zu vernichten den

reputations of many of the leading men in France.
Ruf von vielen von den führenden Männern in Frankreich

The papers were full of these events, and the singular disappearance
Die Zeitungen waren voll von diesen Ereignissen und das sonderbare Verschwinden

of the special train attracted less attention than would have been
von dem Sonderzug erregte weniger Aufmerksamkeit als würde haben gewesen

the case in more peaceful times. The grotesque nature of the event
der Fall in friedlicheren Zeiten Die groteske Natur von dem Ereignis

helped to detract from its importance, for the papers were disinclined
half abzulenken von seiner Bedeutung denn die Zeitungen waren abgeneigt

to believe the facts as reported to them.
zu glauben die Fakten wie berichtet an sie

More than one of the London journals treated the matter as an
Mehr als eine von den Londoner Zeitungen behandelte die Sache als einen

ingenious hoax, until the coroner's inquest upon the
einfallsreichen Schwindel bis des Gerichtsmediziners Untersuchung gerichtet auf den

unfortunate driver (an inquest which elicited nothing of
unglücklichen Lokführer eine Untersuchung welche hervorbrachte nichts von

importance) convinced them of the tragedy of the incident.
Bedeutung überzeugte sie von der Tragik von dem Ereignis

Mr. Bland, accompanied by Inspector Collins, the senior detective
Herr Bland begleitet von Inspektor Collins dem leitenden Untersuchungs-

officer in the service of the company, went down to Kenyon Junction
beamten in dem Dienst von der [Bahn]Gesellschaft fuhr herunter zu [Stationsname]

the same evening, and their research lasted throughout the following
den selben Abend und ihre Untersuchung dauerte hindurch den folgenden

day, but was attended with purely negative results. Not only was
Tag aber war verbunden mit ausschließlich negativen Ergebnissen Nicht nur wurde

no trace found of the missing train, but no conjecture could be
keine Spur gefunden von dem vermissten Zug sondern keine Vermutung konnte werden

put forward which could possibly explain the facts. At the same time,
vorgestellt welche konnte möglicherweise erklären die Fakten Zu der selben Zeit

Inspector Collins's official report (which lies before me as I write)
Inspektor Collins offizieller Bericht welcher liegt vor mir während ich schreibe

served to show that the possibilities were more numerous than might
diente zu zeigen dass die Möglichkeiten waren zahlreicher als konnte

have been expected.
haben geworden erwartet

"In the stretch of railway between these two points," said he, "the
In dem Abschnitt von Schienen zwischen diesen zwei Punkten sagte er die

country is dotted with ironworks and collieries. Of these, some are
Landschaft ist übersät mit Eisenwerken und Kohlengruben Von diesen einige sind

being worked and some have been abandoned. There are no fewer
werdend bearbeitet und einige haben worden verlassen Dort sind nicht weniger

than twelve which have small-gauge lines which run trolly-cars down
als zwölf welche haben Schmalspurgleise welche führen Transportwagen hinunter

to the main line. These can, of course, be disregarded.
zu der Hauptstrecke Diese können natürlich werden unbeachtet gelassen

Besides these, however, there are seven which have, or have had,
Neben diesen jedoch dort sind sieben welche haben oder haben gehabt

proper lines running down and connecting with points to the
richtige [Gleis]strecken führend herab und Anschluss habend mit [Knoten]punkten an die

main line, so as to convey their produce from the mouth of the mine
Hauptstrecke um zu befördern ihren [Bergwerk]ertrag von dem Ausgang von der Mine

to the great centres of distribution. In every case these lines are only a
zu den großen Verteilungszentren In jedem Fall diese Strecken sind nur ein

few miles in length. Out of the seven, four belong to collieries which
paar Meilen lang Aus den sieben, vier gehören zu Kohlengruben welche

are worked out, or at least to shafts which are no longer used.
sind ausgebeutet oder zumindest zu Schächten welche werden nicht länger genutzt

These are the Redgauntlet, Hero, Slough of Despond, and
Dieses sind die Roter Fehdehandschuh-, Held-, Sumpf der Verzweiflung- und

Heartsease mines, the latter having ten years ago been one of the
Stiefmütterchen- Minen die letztere habend vor zehn Jahren gewesen eine von den

principal mines in Lancashire. These four side lines may be
bedeutendsten Minen in [Ortsname] Diese vier Nebenstrecken können werden

eliminated from our inquiry, for, to prevent possible accidents, the
ausgeschlossen von unserer Untersuchung, da zu vermeiden mögliche Unfälle, die

rails nearest to the main line have been taken up, and there is no
Gleise nächstliegend an der Hauptstrecke haben geworden herausgerissen und da ist nicht

longer any connection. There remain three other side lines
länger irgendeine Verbindung Da verbleiben drei andere Nebenlinien

leading— (a) To the Carnstock Iron Works; (b) To the Big Ben
führend (a) Zu den [Eigenname] Eisenwerken (b) Zu der [Eigenname]

Colliery; (c) To the Perseverance Colliery. "Of these the Big Ben
Kohlengrube (c) Zu der [Eigenname] Kohlengrube Von diesen die Big Ben-

line is not more than a quarter of a mile long, and ends at a
Strecke ist nicht mehr als ein Viertel von einer Meile lang und endet an einem

huge pile of coal waiting for removal from the mouth of the mine.
riesigen Haufen von Kohle wartend auf Abtransport von dem Eingang von der Mine

Nothing had been seen or heard there of any special.
Nichts hat geworden gesehen oder gehört dort von irgendeinem Sonderzug

The Carnstock Iron Works line was blocked all day upon the 3rd
Die Carnstock Eisenwerkstrecke war blockiert den ganzen Tag an dem dritten

of June by sixteen truckloads of hematite. It is a single line, and
von Juni von sechzehn Wagenladungen von Roteisenerz Es ist eine einspurige Strecke und

nothing could have passed. As to the Perseverance line, it is a
nichts könnte haben vorbeigefahren Was betrifft die Perseverance- Strecke es ist eine

large double line, which does a considerable traffic, for the
lange zweispurige Strecke welche bewältigt einen erheblichen Verkehr da die

output of the mine is very large.
Fördermenge von der Mine ist sehr groß

On the 3rd of June this traffic proceeded as usual; hundreds of men
An dem dritten von Juni dieser Verkehr lief ab wie üblich; Hunderte von Männern

including a gang of railway platelayers were working along the two
einschließlich einer Gruppe von Schienenlegern waren arbeitend entlang der zwei

miles and a quarter which constitute the total length of the line,
Meilen und eine Viertel[meile] welche ausmachen die komplette Länge von der Strecke

and it is inconceivable that an unexpected train could have come
und es ist unvorstellbar dass ein unerwarteter Zug könnte haben gefahren

down there without attracting universal attention.
herunter dort ohne erregend allgemeine Aufmerksamkeit

It may be remarked in conclusion that this branch line is nearer to
Es mag werden angemerkt schließlich dass diese Zweigstrecke liegt näher an

St. Helens than the point at which the engine-driver was discovered,
St. Helens als der Ort an welchem der Lokführer wurde gefunden

so that we have every reason to believe that the train was past that
so dass wir haben jeden Grund zu glauben dass der Zug war jenseits jenen

15

point before misfortune overtook her.
Punktes bevor   Unglück   überkam   sie [Zug:engl. weibl.]

"As to John Slater, there is no   clue   to be gathered from his
Hinsichtlich John   Slater   da   ist kein Anhaltspunkt zu sein entnommen von seinem

appearance or injuries. We can only say that, so far as we can
Aussehen   oder Verletzungen Wir können nur sagen dass   so weit wie wir können

see,   he   met   his   end   by falling off his engine, though why he
erkennen er begegnete seinem Ende durch fallend von seiner Lokomotive jedoch warum er

fell, or what became of the engine after his fall, is a question upon
fiel oder was   wurde aus der Lokomotive nach seinem Sturz ist eine Frage   auf

which I do not   feel   qualified to offer an opinion."
welche ich tue nicht mich fühlen qualifiziert anzubieten eine Meinung

In conclusion, the inspector offered his   resignation to the Board,
Schließlich   der   Inspektor   bot an seine Amtsniederlegung an den Vorstand

being much nettled by an accusation of incompetence in the
seiend viel [sehr] aufgebracht durch eine Anschuldigung von   Inkompetenz   in den

London papers. A month elapsed, during which both the police
Londoner Zeitungen Ein Monat   verstrich   während welchem sowohl die Polizei

and   the company prosecuted their inquiries without the
und [als auch] die [Bahn]gesellschaft verfolgten   ihre Untersuchungen ohne   den

slightest success. A reward was offered and a   pardon promised in
geringsten Erfolg Eine Belohnung wurde geboten und eine Begnadigung versprochen im

case of crime, but they were both unclaimed.
Verbrechensfall aber   sie wurden beide nicht beansprucht

Every day the public opened their papers with the conviction that so
Jeden Tag die Öffentlichkeit öffnete ihre Zeitungen mit der Überzeugung dass so

grotesque a mystery would at last be solved, but week after week
grotesk   ein   Rätsel   würde schließlich werden gelöst aber Woche nach Woche
so grotesque a mystery = ein solch groteskes Rätsel

passed by, and a solution remained as far off   as ever. In broad
verging   und eine Lösung   blieb   so weit entfernt wie immer Am hellichten

daylight, upon a June afternoon in the most thickly inhabited
Tag   an einem Juninachmittag in dem am dichtesten besiedelten

portion of England, a train with its occupants had disappeared as
Teil von England ein Zug mit seinen Passagieren hatte verschwunden so

completely as if some master of subtle chemistry had volatilized
vollständig als wenn irgendein Meister der höheren Chemie hätte aufgelöst
master of subtle chemistry = Umschreibung für Alchemist

it into gas. Indeed, among the various conjectures which were
ihn in Gas Tatsächlich unter den verschiedenen Mutmaßungen welche wurden

put forward in the public Press, there were some which seriously
vorgebracht in der Volkspresse da waren einige welche ernsthaft

asserted that supernatural, or, at least, preternatural, agencies had
versicherten dass übernatürliche oder zumindest außerordentliche Kräfte hatten

been at work, and that the deformed Monsieur Caratal was probably
gewesen am Werk und dass der verkrüppelte Herr [franz.] Caratal war vermutlich

a person who was better known under a less polite name.
eine Person die war besser bekannt unter einer weniger höflichen Bezeichnung

Others fixed upon his swarthy companion as being the author
Andere fixierten (sich) auf seinen dunkelhäutigen Begleiter als seiend der Urheber

of the mischief, but what it was exactly which he had done could
von dem Unheil aber was es war genau welches er hatte getan konnte

never be clearly formulated in words.
niemals werden klar formuliert in Worte

Amongst the many suggestions put forward by various newspapers
Unter den vielen Andeutungen vorgebracht von verschiedenen Zeitungen

or private individuals, there were one or two which were feasible
oder Privatpersonen da waren eine oder zwei welche waren plausibel

enough to attract the attention of the public. One which appeared
genug zu erregen die Aufmerksamkeit von der Öffentlichkeit Eine welche erschien

in The Times, over the signature of an amateur reasoner of some
in der Times über der Signatur von einem Amateurdenker von einiger

celebrity at that date, attempted to deal with the matter in a critical
Berühmtheit zu der Zeit, versuchte umzugehen mit der Angelegenheit in einer kritischen

and semi-scientific manner. An extract must suffice, although the
und halbwissenschaftlichen Weise Ein Auszug muss reichen obwohl der

curious can see the whole letter in the issue of the 3rd of July.
Neugierige kann einsehen den ganzen Brief in der Ausgabe von dem dritten von Juli

"It is one of the elementary principles of practical reasoning," he
Es ist eines von den elementaren Prinzipien des praktischen Denkens er

remarked, "that when the impossible has been eliminated the
führte aus dass wenn das Unmögliche hat geworden ausgeschlossen das

residuum, HOWEVER IMPROBABLE, must contain the truth. It is
Verbleibende egal wie unwahrscheinlich muss enthalten die Wahrheit Es ist

certain that the train left Kenyon Junction. It is certain that it did not
sicher dass der Zug verließ [Stationsname] Es ist sicher dass er tat nicht

reach Barton Moss. It is in the highest degree unlikely, but still
erreichen [Stationsname] Es ist in dem höchsten Grade unwahrscheinlich aber dennoch

possible, that it may have taken one of the seven available
möglich dass er [der Zug] mag haben genommen eine von den sieben verfügbaren

side lines. It is obviously impossible for a train to run where there are
Nebenstrecken Es ist offensichtlich unmöglich für einen Zug zu fahren wo da sind

no rails, and, therefore, we may reduce our improbables to the three
keine Gleise und daher wir können reduzieren unsere unwahrscheinlichen auf die drei

open lines, namely the Carnstock Iron Works, the Big Ben, and the
offenen Strecken namentlich die [Eigenname] Eisenwerke die [Eigenname] und die

Perseverance. Is there a secret society of colliers, an
[Eigenname] Ist da [gibt es] eine geheime Gesellschaft von Kohlengrubenarbeitern eine

English Camorra, which is capable of destroying both train and
englische Camorra welche ist fähig zu zerstörend sowohl Zug und [als auch]
Camorra = italienische Mafia aus dem Raum von Neapel

passengers? It is improbable, but it is not impossible.
Passagiere Es ist unwahrscheinlich aber es ist nicht unmöglich

I confess that I am unable to suggest any other solution. I should
Ich gestehe dass ich bin unfähig vorzuschlagen irgendeine andere Lösung Ich sollte

certainly advise the company to direct all their energies
zweifellos raten [ich rate an!] der Bahngesellschaft zu richten all ihre Energien

towards the observation of those three lines, and of the workmen at
auf die Beobachtung von diesen drei Strecken und von den Arbeitern an

the end of them. A careful supervision of the pawnbrokers' shops of
dem Ende von ihnen. Eine sorgsame Überwachung von den Pfandleihgeschäften von

the district might possibly bring some suggestive facts to light."
dem Gebiet könnte möglicherweise bringen einige hinweisreiche Fakten ans Licht

The suggestion coming from a recognized authority upon such
Der Vorschlag kommend von einer anerkannten Autorität auf [in] solchen

matters created considerable interest, and a fierce opposition
Angelegenheiten erzeugte erhebliches Interesse und einen erbitterten Widerstand

from those who considered such a statement to be a preposterous
von denen die erachteten solch eine Aussage zu sein eine unerhörte

libel upon an honest and deserving set of men.
Verleumdung gerichtet auf eine ehrliche und verdienstvolle Gruppe von Männern

The only answer to this criticism was a challenge to the objectors
Die einzige Antwort auf diese Kritik war eine Herausforderung an die Gegner

to lay any more feasible explanations before the public. In
zu legen irgendwelche plausiblere Erklärungen vor die Öffentlichkeit In

reply to this two others were forthcoming (Times, July 7th and
Erwiderung auf dies zwei andere waren erscheinend [erschienen] Times Juli siebter und

9th). The first suggested that the train might have run off
neunter Die erste schlug vor dass der Zug könnte haben abgekommen von

18

the metals and be lying submerged in the Lancashire and Staffordshire
den Gleisen und sein liegend versunken in dem [Ortsnamen]

Canal, which runs parallel to the railway for some hundred of yards.
Kanal welcher verläuft parallel zu der Bahnstrecke für einige hundert (von) [Längenmaß]

This suggestion was thrown out of court by the published depth of
Dieser Vorschlag wurde geworfen heraus aus Gericht durch die veröffentlichte Tiefe von
throw out of court = etwas abweisen (meist im juristischen Kontext)

the canal, which was entirely insufficient to conceal so large an object.
dem Kanal welche war völlig unzureichend zu verbergen so groß ein Objekt

The second correspondent wrote calling attention to the bag which
Der zweite Leserbriefschreiber schrieb lenkend Aufmerksamkeit auf die Tasche welche

appeared to be the sole luggage which the travellers had brought with
schien zu sein das einzige Gepäck welches die Reisenden hatten gebracht mit

them, and suggesting that some novel explosive of immense and
ihnen [sich] und vorschlagend dass irgendein neuartiger Sprengstoff von enormer und

pulverizing power might have been concealed in it.
pulverisierender Kraft könnte haben gewesen versteckt in ihm [im Gepäck]

The obvious absurdity, however, of supposing that the whole train
Die offensichtliche Absurdität jedoch von annehmend dass der komplette Zug

might be blown to dust while the metals remained uninjured
könnte sein zersprengt zu Staub während die Gleise blieben unversehrt

reduced any such explanation to a farce. The investigation had
setzten herab jede derartige Erlärung zu einer Farce Die Ermittlung hatte

drifted into this hopeless position when a new and most unexpected
abgedriftet in diese hoffnungslose Position als ein neuer und höchst unerwarteter

incident occurred. This was nothing less than **the receipt by Mrs.**
Vorfall geschah Dieses war nichts Geringeres als der Empfang durch Frau

McPherson of a letter from her husband, James McPherson, who
McPherson von einem Brief von ihrem Ehemann James McPherson welcher

had been the guard on the missing train.
hatte gewesen der Schaffner auf dem vermissten Zug

The letter, which was dated July 5th, 1890, was posted from New York
Der Brief welcher war datiert Juli fünfter 1890 war abgesandt aus New York

and came to hand upon July 14th. Some doubts were expressed
und kam zur Hand [ging ein] am Juli 14ten Einige Zweifel wurden geäußert

as to **its genuine character but Mrs. McPherson was positive**
hinsichtlich seiner authentischen Natur aber Frau McPherson war absolut sicher

as to **the writing, and the fact that it contained a remittance of**
hinsichtlich der Handschrift, und die Tatsache dass er enthielt eine Überweisung von

a hundred dollars in **five-dollar notes** was enough   **in itself**
einhundert   Dollar   in   fünf-Dollar-Noten   war   genug   für sich genommen

to discount the idea   of   a   hoax. No address was   given in the
abzutun   den Gedanken an einen Streich Keine Adresse war angegeben in dem

letter, which ran   in this way:
Brief   welcher   verlief [lautete] in dieser Weise [so]

MY DEAR WIFE,—
Meine geliebte   Ehefrau

"I have been   thinking a great deal, and I find it very hard to give
Ich habe gewesen nachdenkend   sehr viel   und ich finde es sehr schwer zu geben

you up. The same with   Lizzie. I   try   to fight against it, but it
Dich auf   Das Gleiche   mit [gilt für] Lizzie Ich versuche zu kämpfen gegen es, aber es

will always come back to me. I send you some money which will
wird   immer   kommen zurück zu mir Ich sende Dir etwas   Geld   welches wird

change   into twenty English pounds.
[sich] tauschen [lassen] in   zwanzig   Englische   Pfund [Währung]

This should be enough to bring both Lizzie and   you across the
Dies   sollte sein genug zu bringen sowohl Lizzie und [als auch] Dich   über   den

Atlantic, and you will   find   the Hamburg boats which   stop   at
Atlantik   und   Du wirst feststellen die   Hamburger   Schiffe welche Halt machen in

Southampton   very good boats, and cheaper than Liverpool.
Southhampton [zu sein] sehr gute Schiffe und   billiger   als Liverpooler [Schiffe]

If you could come here and   stop   at the Johnston House I
Wenn Du könntest kommen hierher und Dich aufhalten in dem   Johnston-Haus   ich

would try   and send you word how to meet, but   things are very
würde versuchen und senden Dir Nachricht wie zu treffen sich aber (die) Dinge   sind sehr

try and do sth. = versuchen etwas zu tun

difficult with me at present, and I am not very happy, finding it hard
schwierig   bei mir   zur Zeit   und ich bin nicht sehr glücklich findend es schwer

to give you both up. So   no more at present, from your loving
zu geben Euch beide auf Darum nicht mehr   im Moment   von Deinem liebenden

husband,
Ehemann

"James McPherson."
James   Mc Pherson

For a time   it   was confidently anticipated that this letter would
Für eine Zeit [lang] es wurde zuversichtlich   erwartet   dass dieser Brief   würde

lead to the clearing up   of the whole matter, the more so as it
führen zu der   Bereinigung [Aufklärung] von der ganzen Angelegenheit umso mehr   da es

was ascertained that a passenger who bore   a close
wurde   ermittelt   dass ein   Passagier welcher aufwies eine dichte [starke]

resemblance to the missing guard had travelled from Southampton
Ähnlichkeit mit dem vermissten Schaffner hatte gereist aus Southampton

under the name of Summers in the Hamburg and New York liner
unter dem Namen (von) Summers auf dem Hamburger und New Yorker Linienschiff

Vistula, which started upon the 7th of June.
Vistula welches aufbrach an dem 7. (von) Juni

Mrs. McPherson and her sister Lizzie Dolton went across to New
Frau McPherson und ihre Schwester Lizzie Dolton fuhren hinüber nach New

York as directed and stayed for three weeks at the Johnston House,
York wie angewiesen und blieben für drei Wochen in dem Johnston Haus

without hearing anything from the missing man. It is probable that
ohne hörend irgendetwas von dem vermissten Mann Es ist wahrscheinlich dass

some injudicious comments in the Press may have warned him
irgendwelche unklugen Kommentare in der Presse mögen haben gewarnt ihn

that the police were using them as a bait. However,
dass die Polizei [engl. Plural!] waren benutzend sie als einen Köder Wie auch immer,

this may be, it is certain that he neither wrote nor came, and the
dies mag sein, es ist sicher dass er weder schrieb noch kam und die

women were eventually compelled to return to Liverpool.
Frauen waren schließlich gezwungen zurückzukehren nach Liverpool

And so the matter stood, and has continued to stand up to the
Und so the Sache stand und hat angedauert zu stehen bis zu dem

present year of 1898. Incredible as it may seem, nothing has
gegenwärtigen Jahr von 1898 Unglaublich wie es mag scheinen nichts hat

transpired during these eight years which has shed the least light
sich herausgestellt während dieser acht Jahre welches hat geworfen das geringste Licht

upon the extraordinary disappearance of the special train which
auf das außergewöhnliche Verschwinden von dem Sonderzug welcher

contained Monsieur Caratal and his companion.
beförderte Herrn [franz.] Caratal und seinen Begleiter

Careful inquiries into the antecedents of the two travellers have
Sorgfältige Nachforschungen hinein in die Vorleben von den zwei Reisenden haben

only established the fact that Monsieur Caratal was well known as
nur nachgewiesen die Tatsache dass Herr [franz.] Caratal war gut bekannt als

a financier and political agent in Central America, and that during
ein Finanzexperte und politischer Agent in Mittelamerika und dass während

his voyage to Europe he had betrayed extraordinary anxiety to
seiner Reise nach Europa er hatte verraten außerordentliches Bestreben zu

reach Paris. His companion, whose name was entered upon the
erreichen Paris Sein Begleiter dessen Name war eingetragen auf den

passenger lists as Eduardo Gomez, was a man whose record
Passagierlisten als Eduardo Gomez war ein Mann dessen Akte [Vorgeschichte]

was a violent one, and whose reputation was that of a bravo
war eine kriminelle (eine) und dessen Ruf war der von einem Meuchelmörder

and a bully. There was evidence to show, however, that he was
und einem brutalen Kerl Da waren Beweise vorzuzeigen jedoch dass er war

honestly devoted to the interests of Monsieur Caratal, and that the
aufrichtig ergeben (an) die [den] Interessen von Herrn [franz.] Caratal und dass der

latter, being a man of puny physique, employed the other as a
Letztere, seiend ein Mann von schwacher Konstitution beschäftigte den Anderen als einen

guard and protector.
Wachmann und Beschützer

It may be added that no information came from Paris as to what
Es mag werden hinzugefügt dass keine Information kam aus Paris darüber was

the objects of Monsieur Caratal's hurried journey may have been.
die Zwecke von Herrn [franz.] Caratals eiliger Reise mögen haben gewesen

This comprises all the facts of the case up to the publication in the
Dies umfasst all die Fakten von dem Fall bis zu der Veröffentlichung in den

Marseilles papers of the recent confession of Herbert de Lernac, now
Marseiller Zeitungen von dem kürzlichen Geständnis von Herbert de Lernac, nun

under sentence of death for the murder of a merchant named
unter Todesurteil für den Mord an einem Kaufmann namens

Bonvalot. This statement may be literally translated as follows:
Bonvalot Diese Aussage kann werden wörtlich übersetzt wie folgt

"It is not out of mere pride or boasting that I give this
Es ist nicht heraus aus bloßem Stolz oder Prahlerei dass ich gebe diese

information, for, if that were my object, I could tell a dozen
Information denn wenn das wäre meine Absicht, ich könnte berichten ein Dutzend

actions of mine which are quite as splendid; but I do it in order that
Taten von meinen welche sind genau so ganzvoll aber ich tue es damit

certain gentlemen in Paris may understand that I, who am able here
gewisse Herren in Paris können verstehen dass ich, der [ich]bin fähig hier

to tell about the fate of Monsieur Caratal, can also tell in whose
zu berichten über das Schicksal von Herrn [franz.] Caratal, kann auch berichten in wessen

interest and at whose request the deed was done, unless the reprieve
Interesse und auf wessen Auftrag die Tat wurde verübt wenn nicht die Begnadigung

which I am awaiting comes to me very quickly.
welche ich bin erwartend kommt zu mir sehr schnell

Take warning, messieurs, before it is too late! You know Herbert de
Seien Sie gewarnt meine Herren bevor es ist zu spät Sie kennen Herbert de

Lernac, and you are aware that his deeds are as ready as his
Lernac und Sie sind sich bewusst dass seine Taten sind ebenso schnell wie seine

words. Hasten then, or you are lost! "At present I shall mention
Worte Eilen Sie also oder Sie sind verloren Im Augenblick ich werde nennen

no names—if you only heard the names, what would you not
keine Namen wenn Sie nur hörten die Namen was würden Sie nicht

think!—but I shall merely tell you how cleverly I did it.
denken aber ich werde lediglich berichten Ihnen wie schlau ich tat es

I was true to my employers then, and no doubt they will be true
Ich war treu (zu) meinen Arbeitgebern seinerzeit und kein Zweifel sie werden sein treu

to me now. I hope so, and until I am convinced that they have
(zu) mir jetzt Ich hoffe es und bis ich bin überzeugt dass sie haben

betrayed me, these names, which would convulse Europe, shall not
verraten mich, diese Namen, welche würden erschüttern Europa sollen nicht

be divulged. But on that day ... well, I say no more!
werden preisgegeben Aber an diesem Tag nun ich sage nicht mehr

"In a word, then, there was a famous trial in Paris, in the
In einem Wort damals da war ein berühmtes Gerichtsverfahren in Paris in dem

year 1890, in connection with a monstrous scandal in politics and
Jahr 1890 in Verbindung mit einem ungeheuren Skandal in Politik und

finance. How monstrous that scandal was can never be known save
Finanzwesen Wie ungeheuer jener Skandal war kann niemals werden bekannt außer

by such confidential agents as myself. The honour and careers
durch solche vertrauenswürdigen Auftragnehmer wie mich selbst Die Ehre und Karrieren

of many of the chief men in France were at stake.
von vielen von den führenden Männern in Frankreich standen auf dem Spiel

You have seen a group of ninepins standing, all so rigid, and
Sie haben gesehen eine Reihe von Kegeln stehend alle so unnachgiebig und

prim, and unbending. Then there comes the ball from far away and
ordentlich und unbeugsam Dann da kommt die Kugel von weit weg und

pop, pop, pop—there are your ninepins on the floor. Well,
bumm, bumm, bumm da sind Ihre Kegel auf dem Boden Nun

imagine some of the greatest men in France as these ninepins
stellen Sie sich vor einige von den größten Männern in Frankreich als diese Kegel

and then this Monsieur Caratal was the ball which could be seen
und dann dieser Herr[franz.] Caratal wäre die Kugel welche könnte werden gesehen

coming from far away. If he arrived, then it was pop, pop, pop for all
kommend von weit weg Wenn er ankäme dann es wäre bumm bumm bumm für alle

of them. It was determined that he should not arrive. "I do not
von ihnen Es wurde beschlossen dass er sollte nicht ankommen Ich tue nicht

accuse them all of being conscious of what was to happen.
beschuldigen sie alle zu seiend sich bewußt (von) was war zu [sollte] geschehen

There were, as I have said, great financial as well as political
Da waren [standen] wie ich habe gesagt große finanzielle ebenso wie politische

interests at stake, and a syndicate was formed to manage the
Interessen auf dem Spiel und eine Interessengemeinschaft wurde gebildet zu handhaben die

business. Some subscribed to the syndicate who hardly understood
Angelegenheit Einige verpflichteten sich an die Gemeinschaft die kaum verstanden

what were its objects.
was waren ihre Zwecke

But others understood very well, and they can rely upon it
Aber Andere verstanden sehr gut und sie können sich verlassen auf es [darauf]

that I have not forgotten their names. They had ample warning
dass ich habe nicht vergessen ihre Namen Sie hatten reichlich Warnung[en] dass

Monsieur Caratal was coming long before he left South America, and
Herr [franz.] Caratal war kommend lange bevor er verließ Südamerika und

they knew that the evidence which he held would certainly
sie wussten dass die Beweise welche er [in der Hand] hielt würden gewiss

mean ruin to all of them.
bedeuten [den]Untergang für alle von ihnen

The syndicate had the command of an unlimited amount
Die Interessengemeinschaft hatte die Verfügungsmöglichkeit über eine unbegrenzte Menge

of money—absolutely unlimited, you understand. They looked round
von Geld absolut unbegrenzt, Sie verstehen Sie sahen sich um

for an agent who was capable of wielding this gigantic power.
nach einem Vertreter der war fähig zu ausübend diese gigantische Macht

The man chosen must be inventive, resolute, adaptive— a man
Der Mann ausgewählt musste sein einfallsreich entschlossen anpassungsfähig ein Mann

in a million.
in einer Million [eine einzigartige Person]

They chose Herbert de Lernac, and I admit that they were right.
Sie wählten Herbert de Lernac und ich gebe zu dass Sie lagen richtig

"My duties were to choose my subordinates, to use freely
Meine Aufgaben waren auszuwählen meine Untergebenen, zu gebrauchen frei, reichlich

the power which money gives, and to make certain that Monsieur
die Macht welche Geld verleiht und sicherzustellen dass Herr [franz.]

Caratal should never arrive in Paris. With characteristic energy I
Caratal sollte niemals ankommen in Paris Mit [der für mich] typischen Energie ich

set about my commission within an hour of receiving my
nahm in Angriff meinen Auftrag innerhalb einer Stunde von erhaltend meine

instructions, and the steps which I took were the very best for
Anweisungen und die Schritte welche ich unternahm waren die absolut besten für

the purpose which could possibly be devised. "A man whom I
das Ziel welche konnten überhaupt werden erdacht Ein Mann welchem ich

could trust was dispatched instantly to South America to travel home
konnte trauen wurde entsandt sofort nach Südamerika zu reisen heim

with Monsieur Caratal. Had he arrived in time the ship would never
mit Herrn [franz.] Caratal Hätte er angekommen rechtzeitig das Schiff würde niemals

have reached Liverpool; but alas! it had already started before my
haben erreicht Liverpool aber leider es hatte [war] bereits aufgebrochen bevor mein

agent could reach it. I fitted out a small armed brig
Beauftragter konnte erreichen es Ich stattete aus ein kleines bewaffnetes Segelschiff

to intercept it, but again I was unfortunate.
abzufangen es aber wieder ich war glücklos

Like all great organizers I was, however, prepared for failure, and
Wie alle großen Organisatoren ich war jedoch vorbereitet auf Misserfolge und

had a series of alternatives prepared, one or the other of which
hatte eine Reihe von Alternativen vorbereitet eine oder die andere von welchen

must succeed. You must not underrate the difficulties of my
musste Erfolg haben Sie dürfen nicht unterschätzen die Schwierigkeiten von meiner

undertaking, or imagine that a mere commonplace assassination
Aufgabe oder sich vorstellen dass ein bloßer alltäglicher Mord

would meet the case. We must destroy not only Monsieur
würde treffen den Fall [angemessen sein] Wir mussten zerstören nicht nur Herrn [franz.]

Caratal, but Monsieur Caratal's documents, and Monsieur Caratal's
Caratal sondern Herrn [franz.] Caratals Unterlagen und Herrn [franz.] Caratals

companions also, if we had reason to believe that he had
Begleiter ebenso wenn wir hatten Anlass zu glauben dass er hatte

communicated his secrets to them.
mitgeteilt seine Geheimnisse an sie

And you must remember that they were on the alert, and keenly
Und Sie müssen bedenken dass sie waren auf der Hut und zutiefst

suspicious of any such attempt. It was a task which was
misstrauisch gegenüber jedem solchen Versuch Es war eine Aufgabe welche war

in every way worthy of me, for I am always most masterful
in jeder Weise meiner würdig denn ich bin immer am meisterhaftesten

where another would be appalled.
wo ein Anderer würde sein abgestoßen

"I was all ready for Monsieur Caratal's reception in Liverpool, and I
Ich war (ganz) bereit für Herrn [franz.] Caratals Empfang in Liverpool und ich

was the more eager because I had reason to believe that he had
war umso mehr darauf erpicht weil ich hatte Grund zu glauben dass er hatte

made arrangements by which he would have a considerable
getroffen Vorkehrungen durch welche er würde haben einen erheblichen

guard from the moment that he arrived in London. Anything which
Wachschutz ab dem Moment [in] dem er ankäme in London Alles was

was to be done must be done between the moment of his
war zu werden getan [war zu tun] musste werden getan zwischen dem Moment von seinem

setting foot upon the Liverpool quay and that of his arrival at
setzend Fuß auf das Liverpooler Pier und dem [Moment] von seiner Ankunft an

to set foot upon something = etwas betreten his setting foot upon… = sein Betreten des…

the London and West Coast terminus in London.
der Londoner- und Westküsten- Endstation in London

We prepared six plans, each more elaborate than the last; which
Wir arbeiteten aus sechs Pläne jeder ausgefeilter als der letzte; welcher

plan would be used would depend upon his own movements. Do
Plan würde werden genutzt würde abhängen von seinen eigenen Aktivitäten Tue [er]

what he would, we were ready for him. If he had stayed in Liverpool,
was er wolle wir waren bereit für ihn Wenn er hatte geblieben in Liverpool

we were ready. If he took an ordinary train, an express, or a
wir waren bereit Wenn er nahm einen gewöhnlichen Zug einen Expresszug oder einen

special, all was ready. Everything had been foreseen and provided
Sonderzug alles war bereit Alles hatte geworden vorhergesehen und gesorgt

for.
für

"You may imagine that I could not do all this myself. What could
Sie können sich vorstellen dass ich konnte nicht tun all dies selbst Was konnte

I know of the English railway lines? But money can procure willing
Ich wissen von den englischen Eisenbahnstrecken Aber Geld kann beschaffen willige

agents all the world over, and I soon had one of the acutest
Mittelsmänner ganz die Welt über und ich bald hatte eines von den scharfsinnigsten

all the world over / all over the world = in der ganzen Welt

brains in England to assist me. I will mention no names, but it
Hirnen in England zu assistieren mir Ich will nennen keine Namen aber es

would be unjust to claim all the credit for myself.
würde sein ungerecht zu beanspruchen all die Anerkennung für mich selbst

My English ally was worthy of such an alliance. He knew the
Mein englischer Verbündeter war würdig (von) solch einer Allianz Er kannte die

London and West Coast line thoroughly, and he had the command of
Londoner- und Westküstenstrecke gründlich und er hatte die Befehlsgewalt über

a band of workers who were trustworthy and intelligent. The idea
eine Truppe von Arbeitern die waren vertrauenswürdig und intelligent Die Idee

was his, and my own judgement was only required in the details.
war seine und mein eigenes Urteilsvermögen wurde nur benötigt in den Details

We bought over several officials, amongst whom the most
Wir kauften über [bestachen] mehrere Beamte unter welchen der

important was **James McPherson,** whom we had ascertained to be
wichtigste war James McPherson welchen wir hatten ermittelt zu sein

the guard   most likely to be **employed upon** a **special train.**
der Schaffner am wahrscheinlichsten zu werden eingesetzt auf einem Sonderzug

> most likely to + Verb = mit den größten Aussichten auf etwas

Smith, the stoker, was also in our employ. John Slater, the engine-
Smith der Heizer war ebenfalls in unseren Diensten John Slater der Lok-

driver, had been approached, but had been found to be obstinate
führer hatte geworden angegangen aber hatte geworden gefunden zu sein starrsinnig

and dangerous, so we desisted. We had no certainty that Monsieur
und gefährlich also wir ließen ab davon Wir hatten keine Gewissheit dass Herr [franz.]

Caratal would take a special, but we thought it very probable,
Caratal würde nehmen einen Sonderzug aber wir hielten es [für] sehr wahrscheinlich

for it was of the utmost importance to him that he should reach
denn es war von der höchsten Wichtigkeit für ihn dass er musste erreichen

Paris without delay.
Paris ohne Verzögerung

It was for this contingency, therefore, that we made special
Es war für diese Eventualität daher dass wir machten [trafen] spezielle

preparations—preparations which were complete down to the last
Vorbereitungen Vorbereitungen welche waren perfekt [bis] hinunter zu dem letzten

detail long before his steamer had sighted the shores of England.
Detail lange bevor sein Dampfer hatte gesichtet die Ufer von England

You will be amused to learn that there was one of my agents
Sie werden sein amüsiert zu erfahren dass da war einer von meinen Beauftragten

in the pilot-boat which brought that steamer to its moorings.
in dem Lotsenboot welches brachte jenen Dampfer zu seiner Vertäuung [Anlegestelle]

"The moment that Caratal arrived in Liverpool we knew that he
Der Moment in dem Caratal ankam in Liverpool wir wussten dass er

suspected danger and was on his guard. He had brought with
befürchtete Gefahr und war auf seiner Wache [auf der Hut] Er hatte gebracht mit

him as an escort a dangerous fellow, named Gomez, a man
sich als einen Begleitschutz einen gefährlichen Zeitgenossen genannt Gomez ein Mann

who carried weapons, and was prepared to use them.
der trug Waffen und war bereit zu gebrauchen sie

This fellow carried Caratal's confidential papers for him, and was
Dieser Zeitgenosse trug Caratals vertrauliche Unterlagen für ihn und war

ready to protect either them or his master. The probability
bereit zu schützen entweder sie oder seinen Herrn Die Wahrscheinlichkeit

was that Caratal had taken him into his counsel,
war [gegeben] dass Caratal hatte genommen ihn zu seinen Ratgebern [sich beraten]

and that to remove Caratal without removing Gomez would be a
und dass zu entfernen Caratal ohne entfernend Gomez würde sein eine

mere waste of energy. It was necessary that they should be
reine Verschwendung von Energie Es war notwendig dass sie sollten werden

involved in a common fate, and our plans to that end were much
verwickelt in ein gemeinsames Schicksal und unsere Pläne zu diesem Zweck wurden sehr

facilitated by their request for a special train.
erleichtert durch ihr Ersuchen um einen Sonderzug

On that special train you will understand that two out of the
Auf jenem speziellen Zug Sie werden verstehen [sehen] dass zwei aus den

three servants of the company were really in our employ, at
drei Bediensteten von der Eisenbahngesellschaft waren eigentlich in unseren Diensten zu

a price which would make them independent for a lifetime.
einem Preis welcher würde machen sie unabhängig für eine [auf] Lebenszeit

I do not go so far as to say that the English are more honest than
Ich tue nicht gehen so weit (wie) zu sagen dass die Engländer sind ehrlicher als

any other nation, but I have found them more expensive to buy.
jedes andere Volk aber ich habe gefunden sie teurer zu kaufen

"I have already spoken of my English agent—who is a man
Ich habe bereits gesprochen von meinem englischen Beauftragten der ist ein Mann

with a considerable future before him, unless some complaint of
mit einer bedeutenden Zukunft vor sich wenn nicht irgendein Leiden von

the throat carries him off before his time. He had charge of all
dem Hals rafft ihn dahin vor seiner Zeit Er hatte Verantwortung über alle

arrangements at Liverpool, whilst I was stationed at the inn
Vorkehrungen in Liverpool während ich war postiert in dem Gasthof

at Kenyon, where I awaited a cipher signal to act.
in Kenyon wo ich erwartete ein Codesignal (um) zu handeln

When the special was arranged for, my agent instantly telegraphed
Als der Sonderzug wurde veranlasst mein Beauftragter sofort telegrafierte

to me and warned me how soon I should have everything ready. He
(zu) mir und warnte mich wie bald ich sollte haben alles bereit Er

himself under the name of Horace Moore applied immediately for
selbst unter dem Namen (von) Horace Moore ersuchte sofort um

a special also, in the hope that he would be sent down with
einen Sonderzug ebenfalls in der Hoffnung dass er würde werden gesendet herunter mit

sent down = hier: abgeschickt von Liverpool herunter nach London

Monsieur Caratal, which might under certain circumstances have
Herrn [franz.] Caratal welches könnte unter gewissen Umständen haben

been helpful to us. If, for example, our great coup had failed,
geworden hilfreich für uns Wenn zum Beispiel unser großer Coup hätte versagt

28

it would then have become the duty of my agent to have shot
es würde dann haben geworden die Pflicht von meinem Beauftragten zu haben erschossen

them both and destroyed their papers. Caratal was on his guard,
sie beide und zerstört ihre Unterlagen Caratal war auf der Hut

however, and refused to admit any other traveller.
jedoch und lehnte ab zuzulassen irgendeinen anderen Reisenden

My agent then left the station, returned by another entrance,
Mein Beauftragter dann verließ die Bahnstation, kehrte zurück durch einen anderen Eingang

entered the guard's van on the side farthest from the
betrat den Schaffnerwagen auf der Seite am weitesten entfernt von dem

platform, and travelled down with McPherson the guard.
Bahnsteig und reiste herunter [nach London] mit McPherson dem Schaffner

"In the meantime you will be interested to know what my
In der Zwischenzeit Sie werden sein interessiert zu wissen [hören] was meine

movements were. Everything had been prepared for days before, and
Aktivitäten waren Alles hatte geworden vorbereitet tagelang vorher und

only the finishing touches were needed. The side line which we had
nur die vollendenden Berührungen waren notwendig Die Nebenstrecke welche wir hatten

the finishing touches = die letzten Handgriffe

chosen had once joined the main line, but it had been
ausgewählt hatte einst sich angeschlossen an die Hauptlinie aber sie hatte geworden

disconnected. We had only to replace a few rails to connect it
abgetrennt Wir hatten nur zu ersetzen ein paar Gleise (um) anzuschließen sie

once more. These rails had been laid down as far as could
noch einmal Diese Gleise hatten geworden verlegt herunter so weit wie [es] konnte

be done without danger of attracting attention, and now it was
werden getan ohne Gefahr von erregend Aufmerksamkeit und nun es war

merely a case of completing a juncture with the line, and arranging
lediglich ein Fall von fertigstellend eine Verbindung mit der Strecke und einrichtend

the points as they had been before.
die Bogenweichen wie sie hatten gewesen zuvor

The sleepers had never been removed, and the rails were all
Die Bahnschwellen hatten niemals geworden entfernt und die Schienen waren vollständig

ready, for we had taken them from a siding on the
einsatzbereit denn wir hatten genommen sie von einem Abstellgleis auf dem

abandoned portion of the line. With my small but competent band
verlassenen Abschnitt von der Strecke Mit meiner kleinen aber fähigen Gruppe

of workers, we had everything ready long before the special arrived.
von Arbeitern wir hatten alles bereit lange bevor der Sonderzug ankam

When it did arrive, it ran off upon the small side line so easily
Als er tat ankommen er fuhr ab auf die kleine Nebenstrecke so leicht

that the jolting of the points appears to have been entirely
dass die Erschütterung von den Bogenweichen scheint zu haben gewesen vollständig

unnoticed by the two travellers.
unbemerkt von den beiden Reisenden

"Our plan had been that Smith, the stoker, should chloroform
Unser Plan hatte gewesen dass Smith der Heizer sollte chloroformieren [betäuben]

John Slater, the driver, so that he should vanish with the others. In
John Slater den Lokführer so dass er sollte verschwinden mit den anderen In

this respect, and in this respect only, our plans miscarried—I
dieser Hinsicht und in dieser Hinsicht allein unsere Pläne schlugen fehl Ich

except the criminal folly of McPherson in writing home to
nehme aus die sträfliche Torheit von McPherson [bestehend] in schreibend heim zu

his wife.
seiner Frau

Our stoker did his business so clumsily that Slater in his struggles
Unser Heizer tat seine Sache so ungeschickt dass Slater in seinem Abwehrkampf

fell off the engine, and though fortune was with us so far that
fiel herunter von der Lokomotive und obwohl Glück war mit uns so weit dass

he broke his neck in the fall, still he remained as a blot upon that
er brach seinen Hals in dem Sturz dennoch er verblieb als ein Makel auf dem

which would otherwise have been one of those complete
welches würde andernfalls haben gewesen eines von diesen vollendeten

masterpieces which are only to be contemplated in silent admiration.
Meisterstücken welche sind nur zu sein betrachtet in stiller Bewunderung
are to be = sollen

The criminal expert will find in John Slater the one flaw in all our
Der Kriminalexperte wird finden in John Slater den einen Makel in all unseren

admirable combinations. A man who has had as many triumphs as
bewundernswerten Arrangements Ein Mann der hat gehabt so viele Triumphe wie

I can afford to be frank, and I therefore lay my finger upon John
Ich kann sich leisten zu sein offen und ich daher lege meinen Finger auf John

Slater, and I proclaim him to be a flaw.
Slater und ich erkläre ihn zu sein ein Makel

"But now I have got our special train upon the small line two
Aber nun ich habe geschafft unseren Sonderzug auf das kleine Gleis zwei

kilometres, or rather more than one mile, in length, which leads, or
Kilometer oder eher mehr als eine Meile in Länge [lang] welches führt oder

rather used to lead, to the abandoned Heartsease mine, once one of
eher pflegte zu führen zu der verlassenen Heatsease- Mine, einst eine von

the largest coal mines in England. You will ask how it is that
den größten Kohleminen in England Sie werden fragen wie es ist [möglich] dass

no one saw the train upon this unused line. I answer that along
niemand sah den Zug auf diesem unbenutzten Gleis Ich antworte dass entlang

its entire length it runs through a deep cutting, and that, unless
seiner gesamten Länge er fährt durch eine tiefe Fahrrinne und dass, sofern nicht

someone had been on the edge of that cutting, he could not have
irgendjemand hätte gewesen auf dem Rand von jener Fahrrinne er könnte nicht haben

seen it. There WAS someone on the edge of that cutting. I was
gesehen ihn [den Zug] Da war jemand auf dem Rand von jener Fahrrinne Ich war

there. And now I will tell you what I saw.
dort Und nun ich werde erzählen Ihnen was ich sah

"My assistant had remained at the points in order that he might
Mein Assistent hatte verblieben an den Weichen damit er konnte

superintend the switching off of the train. He had four armed men
überwachen das herunterrangierend von dem Zug Er hatte vier bewaffnete Männer

the + ing-Form = Substantivierung: das Herunterrangieren

with him, so that if the train ran off the line—we thought it
bei sich so dass wenn der Zug lief herunter von dem Gleis wir fanden es

probable, because the points were very rusty—we might
wahrscheinlich weil die Weichen waren sehr rostig wir mochten [würden]

still have resources to fall back upon.
immer noch haben Mittel zurückzugreifen auf

Having once seen it safely on the side line, he
Habend einmal [wörtl.:gesehen/hier:gebracht] ihn wohlbehalten auf das Nebengleis er

handed over the responsibility to me. I was waiting at a point
übergab die Verantwortung an mich Ich war wartend an einer Stelle

which overlooks the mouth of the mine, and I was also armed, as
welche überblickt den Eingang von der Mine und ich war ebenfalls bewaffnet wie

were my two companions. Come what might, you see, I was
waren meine beiden Begleiter Komme was wolle Sie verstehen ich war

always ready.
jederzeit bereit

"The moment that the train was fairly on the side line, Smith, the
Der Moment [in] dem der Zug war ganz auf dem Nebengleis Smith der

stoker, slowed-down the engine, and then, having turned it on to the
Heizer bremste ab die Lokomotive und dann habend gedreht sie auf zu der

fullest speed again, he and McPherson, with my English
Höchstgeschwindigkeit wieder, er und McPherson, mit meinem englischen

lieutenant, sprang off before it was too late. It may be that it was
Leutnant, sprangen ab bevor es war zu spät Es mag sein dass es war

this slowing-down which first attracted the attention of the
diese Verlangsamung welche zuerst erregte die Aufmerksamkeit von den

travellers, but the train was running at full speed again before
Reisenden aber der Zug war fahrend bei voller Geschwindigkeit wieder bevor

their heads appeared at the open window. It makes me smile to
ihre Köpfe erschienen an dem offenen Fenster Es macht mich lächeln zu

think how bewildered they must have been.
denken wie verwirrt sie müssen haben gewesen

Picture to yourself your own feelings if, on looking out of
Malen Sie sich aus (für) (sich) Ihre eigenen Gefühle wenn beim Herausschauen(d) aus

your luxurious carriage, you suddenly perceived that the lines upon
Ihrem luxuriösen Waggon Sie plötzlich wahrnähmen dass die Gleise auf

which you ran were rusted and corroded, red and yellow with
welchen Sie führen wären verrostet und zerfressen rot und gelb von

disuse and decay! What a catch must have come in their
Nichtgebrauch und Verfall Was [für] ein Stocken muss haben gekommen in ihren

breath as in a second it flashed upon them that it was
Atem als in einer Sekunde es blitzte auf [kam über] sie dass es war

not Manchester but Death which was waiting for them at the end
nicht Manchester sondern [der] Tod welcher war wartend auf sie an dem Ende

of that sinister line.
von jener finsteren Fahrspur

But the train was running with frantic speed, rolling and rocking
Aber der Zug war fahrend mit rasender Geschwindigkeit schlingernd und schwankend

over the rotten line, while the wheels made a frightful screaming
über das verrottete Gleis während die Räder machten ein furchtbar kreischendes

sound upon the rusted surface. I was close to them, and could see
Geräusch auf der verrosteten Oberfläche Ich war nah an ihnen und konnte sehen

their faces.
ihre Gesichter

Caratal was praying, I think—there was something like a rosary
Caratal war betend ich denke da war etwas wie ein Rosenkranz

dangling out of his hand. The other roared like a bull who smells
baumelnd heraus aus seiner Hand Der andere brüllte wie ein Stier der riecht

the blood of the slaughter-house. He saw us standing on the bank,
das Blut von dem Schlachthaus Er sah uns stehend auf der Gleisrampe

and he beckoned to us like a madman. Then he tore at his
und er winkte zu uns wie ein Wahnsinniger Dann er riss an seinem

wrist and threw his dispatch-box out of the window in our
Handgelenk und warf seinen Aktenkoffer heraus aus dem Fenster in unsere

direction. Of course, his meaning was obvious. Here was the
Richtung Natürlich seine Bewandtnis war offensichtlich Hier war der

evidence, and they would promise to be   silent   if their lives were
Beweis   und   sie   würden versprechen zu sein schweigend wenn ihre Leben würden

spared. It would have been very agreeable if we could have done
verschont Es würde haben gewesen sehr   erfreulich wenn wir könnten haben gehandelt

so, but business is business. Besides, the train was now as much
so aber Geschäft ist Geschäft Außerdem der Zug war nun ebenso

beyond our controls as theirs.
jenseits unserer Kontrolle wie ihrer

"He ceased his howling when the train rattled round the curve and
Er beendete sein Geschrei als der Zug ratterte herum um die Kurve und

they saw the black mouth of the mine yawning before them. We
sie sahen den schwarzen Schlund von der Mine aufklaffend vor sich Wir

had removed the boards which had covered it, and we had cleared
hatten entfernt die Bretter welche hatten bedeckt ihn und wir hatten geräumt

the entrance. The rails had formerly run very close to the shaft for
den Eingang Die Gleise hatten früher verlaufen sehr dicht an dem Schacht für

the convenience of loading the coal, and we had only to add two or
die Zweckmäßigkeit von verladend die Kohle und wir hatten nur hinzuzufügen zwei oder

three lengths of rail in order to lead to the very brink of the shaft.
drei Schienenlängen um zu führen zu dem genauen Rand von dem Schacht

In fact, as the lengths would not quite fit, our line projected
Tatsächlich als die Längen [Schienen] wollten nicht ganz passen, unser Gleis ragte

about three feet over the edge. We saw the two heads at the
ungefähr drei Fuß [Längenmaß] über die Kante Wir sahen die beiden Köpfe an dem

window: Caratal below, Gomez above; but they had both been struck
Fenster Caratal unten Gomez darüber aber sie hatten beide geworden versetzt

silent by what they saw. And yet they could not withdraw
schweigend [in Schweigen] durch was sie sahen Und doch sie konnten nicht abwenden

their heads. The sight seemed to have paralysed them.
ihre Köpfe Der Anblick schien zu haben gelähmt sie

"I had wondered how the train running at a great speed would
Ich hatte mich gefragt wie der Zug fahrend bei einer großen Geschwindigkeit würde

take the pit into which I had guided it, and I was much interested
nehmen die Grube in welche ich hatte geführt ihn und ich war sehr interessiert

in watching it. One of my colleagues thought that it would actually
zu beobachten ihn Einer von meinen Kollegen dachte dass er würde sogar

jump it, and indeed it was not very far from doing so.
überspringen sie [die Grube] und tatsächlich er war nicht sehr weit entfernt von tuend dies

Fortunately, however, it fell short, and the buffers
Glücklicherweise jedoch er [der Zug] enttäuschte [diese Erwartung] und die Prellvorrichtung

of the engine struck the other lip of the shaft with a tremendous
von der Lokomotive traf den anderen Rand von dem Schacht mit einem enormen

crash. The funnel flew off into the air. The tender, carriages, and
Krach Der Schornstein flog weg in die Luft Der Kohlewagen, Waggons und

van were all smashed up into one jumble, which, with the
Güterwagen wurden alle zerschmettert in ein Durcheinander welches mit den

remains of the engine, choked for a minute or so the mouth of
Überresten von der Lokomotive verstopfte für eine Minute oder so die Öffnung von

the pit.
der Grube

Then something gave way in the middle, and the whole mass of
Dann etwas gab nach in der Mitte und die ganze Masse von

green iron, smoking coals, brass fittings, wheels, wood-work, and
grünem Eisen rauchenden Kohlestücken Messingbeschlägen Rädern Holzarbeiten und

cushions all crumbled together and crashed down into the mine. We
Polstern alle zerfielen miteinander und krachten herunter in die Mine Wir

heard the rattle, rattle, rattle, as the debris struck against the walls,
hörten das schepper schepper schepper als die Trümmer schlugen gegen die Wände

and then, quite a long time afterwards, there came a deep roar as
und dann ziemlich eine lange Zeit danach da kam ein tiefes Donnern als

the remains of the train struck the bottom.
die Überreste von dem Zug trafen den Boden

The boiler may have burst, for a sharp crash came after the
Der Kessel mag haben geborsten denn ein scharfes [heftiges] Krachen kam nach dem

roar, and then a dense cloud of steam and smoke swirled up out
Donnern und dann eine dichte Wolke von Dampf und Rauch wirbelte hoch heraus

of the black depths, falling in a spray as thick as rain all round
aus den schwarzen Tiefen fallend in einem Nebel so dicht wie Regen überall herum um

us. Then the vapour shredded off into thin wisps, which floated away
uns Dann der Dunst zersetzte sich in kleine Fetzen welche schwebten davon

the summer sunshine, and all was quiet again in the Heartsease
im Sommersonnenschein und alles war still wieder in der Heartsease

mine. And now, having carried out our plans so successfully, it only
Mine Und nun habend ausgeführt unsere Pläne so erfolgreich es nur

remained to leave no trace behind us.
blieb übrig zurückzulassen keine Spur hinter uns

Our little band of workers at the other end had already ripped up
Unsere kleine Gruppe von Arbeitern an dem anderen Ende hatte bereits zerlegt

the rails and disconnected the side line, replacing everything as it
die Schienen und abgetrennt die Nebenlinie, zurückschaffend alles wie es

had been before. We were equally busy at the mine. The
hatte gewesen zuvor Wir waren gleichermaßen beschäftigt an der Mine Der

funnel and other fragments were thrown in, the shaft was
Schornstein und andere Bruchstücke wurden hineingeworfen, der Schacht wurde

planked over as it used to be, and the lines which led
überplankt [mit Brettern verschlossen] wie er pflegte zu sein und die Gleise welche führten

to it were torn up and taken away.
zu ihm wurden herausgerissen und weggeschafft

Then, without flurry, but without delay, we all made our way
Dann ohne Hast aber ohne Verzug wir alle machten unseren Weg [gingen]

out of the country, most of us to Paris, my English colleague
heraus aus dem Land die meisten von uns nach Paris, mein englischer Kollege

to Manchester, and McPherson to Southampton, whence he
nach Manchester und McPherson nach Southampton von wo aus er

emigrated to America. Let the English papers of that date tell
auswanderte nach Amerika Lassen Sie die englischen Zeitungen aus jener Zeit erzählen

how throughly we had done our work, and how completely we had
wie gründlich wir hatten getan unsere Arbeit und wie vollständig wir hatten

thrown the cleverest of their detectives off our track.
abgeschüttelt die klügsten von Ihren Ermittlern herunter von unserer Spur

"You will remember that Gomez threw his bag of papers out of
Sie werden sich erinnern dass Gomez warf seine Tasche mit Unterlagen heraus aus

the window, and I need not say that I secured that bag and
dem Fenster und ich brauche nicht sagen dass ich sicherstellte jene Tasche und

brought them to my employers. It may interest my
brachte sie [die Unterlagen] zu meinen Auftraggebern Es mag interessieren meine

employers now, however, to learn that out of that bag I took one
Auftraggeber nun jedoch zu lernen dass heraus aus dieser Tasche ich nahm ein

or two little papers as a souvenir of the occasion.
oder zwei kleine Dokumente als ein Andenken an das Ereignis

little papers = Dokumentchen (hier: ironisch)

I have no wish to publish these papers; but, still, it is every
Ich habe keinen Wunsch zu veröffentlichen diese Dokumente aber dennoch es ist jeder

man for himself in this world, and what else can I do if my
Mensch für sich selbst auf dieser Welt und was anderes kann ich tun wenn meine

friends will not come to my aid when I want them?
Freunde werden nicht kommen zu meiner Hilfe wenn ich will [hier: brauche] sie

Messieurs, you may believe that Herbert de Lernac is quite as
Meine Herren Sie dürfen glauben dass Herbert de Lernac ist ebenso

formidable when he is against you as when he is with you, and that he
furchterregend wenn er ist gegen Sie als wenn er ist mit Ihnen und dass er

is not a man to go to the guillotine until he has seen that
ist nicht ein Mann zu gehen zu der Guillotine bis er hat gesehen [gesorgt dafür] dass

every one of you is en route for New Caledonia.
jeder einzelne von Ihnen ist auf dem Weg nach Neukaledonien

New Caledonia = zum Handlungszeitraum der Geschichte französische Strafkolonie

For your own sake, if not for mine, make haste, Monsieur de ——,
Für Ihre eigene Sache wenn nicht für meine beeilen Sie sich Herr [franz.] von

For your own sake = um Ihrer selbst willen

and General ——, and Baron —— (you can fill up the blanks for
und General und Baron Sie können ausfüllen die Lücken für

yourselves as you read this). I promise you that in the next edition
sich selbst während Sie lesen dies Ich verspreche Ihnen dass in der nächsten Ausgabe

there will be no blanks to fill.
da werden sein keine Lücken zu füllen

"P.S.— As I look over my statement there is only one omission
P.S Während ich durchsehe meine Aussage da ist nur eine Auslassung

which I can see. It concerns the unfortunate man
welche ich kann sehen Es [die Auslassung, sie] betrifft den unglücklichen Mann

McPherson, who was foolish enough to write to his wife and to
McPherson welcher war töricht genug zu schreiben an seine Frau und zu

make an appointment with her in New York. It can be
machen [treffen] eine Verabredung mit ihr in New York Es kann werden

imagined that when interests like ours were at stake,
sich gedacht [man kann sich denken] dass wenn Interessen wie unsere waren auf dem Spiel

we could not leave them to the chance of whether he would or
wir konnten nicht überlassen sie (zu) dem Risiko von ob er würde oder

would not give away his secrets to a woman.
würde nicht preisgeben seine Geheimnisse an eine Frau

Having once broken his oath by writing to his wife, we could
Habend einmal gebrochen seinen Schwur durch schreibend an seine Frau wir konnten

not trust him any more . We took steps therefore to
nicht 1... vertrauen ihm mehr ...1 Wir unternahmen Schritte daher zu

insure that he should not see his wife. I have sometimes
versichern uns dass er würde nicht treffen seine Frau Ich habe manchmal

thought that it would be a kindness to write to her and to assure
gedacht dass es würde sein eine Freundlichkeit zu schreiben an sie und zu versichern

her that there is no impediment to her marrying again."
ihr dass da ist kein Hindernis für ihr heiratend erneut [erneutes Heiraten]

36

The Man with the Watches
Der Mann mit den Uhren

There are many who will still bear in mind the
Da sind viele die werden noch immer tragen in Erinnerung [sich erinnern an] die

singular circumstances which, under the heading of the Rugby
sonderbaren Umstände welche unter der Überschrift (von) (dem) Rugby

Mystery, filled many columns of the daily Press in the spring of the
Rätsel füllten viele Spalten von der täglichen Presse in dem Frühling von dem

year 1892. Coming as it did at a period of exceptional
Jahr 1892 Kommend wie es [das Geschehnis] tat zu einer Zeit von außergewöhnlicher

dullness, it attracted perhaps rather more attention than it
Ereignislosigkeit es lenkte auf sich vielleicht eher mehr Aufmerksamkeit als es

deserved, but it offered to the public that mixture of the whimsical
verdiente aber es bot (an) die [der] Öffentlichkeit jene Mischung von dem Kuriosen

and the tragic which is most stimulating to the popular imagination.
und dem Tragischen welche ist höchst anregend für die allgemeine Phantasie

Interest drooped, however, when, after weeks of fruitless
(Das) Interesse schwand jedoch als nach Wochen von ergebnislosen

investigation, it was found that no final explanation of the
Ermittlungen es wurde festgestellt dass keine endgültige Erklärung von den

facts was forthcoming, and the tragedy seemed from that time
Umständen war bevorstehend und die Tragödie schien von jener Zeit [an]

to the present to have finally taken its place in the
bis zu der Gegenwart zu haben schließlich eingenommen ihren Platz in dem

dark catalogue of inexplicable and unpunished crimes.
dunklen [geheimnisvollen] Verzeichnis von unerklärlichen und ungesühnten Verbrechen

A recent communication (the authenticity of which appears to
Eine kürzlich [erfolgte] Benachrichtigung die Zuverlässigkeit von welcher scheint zu

be above question) has, however, thrown some new and clear light
stehen außer Frage hat jedoch geworfen einiges neues und helles Licht

upon the matter. Before laying it before the public it would be as
auf die Sache Bevor legend es vor die Öffentlichkeit es würde sein ebenso

well, perhaps, that I should refresh their memories as to the
gut vielleicht dass ich sollte auffrischen ihre Erinnerungen hinsichtlich der

singular facts upon which this commentary is founded.
sonderbaren Fakten auf welchen diese Erläuterung ist begründet

These facts were briefly as follows: At five o'clock on the evening
Diese Fakten waren kurz [gesagt] wie folgt Um fünf Uhr an dem Abend

of the 18th of March in the year already mentioned a train left Euston
von dem 18 von März in dem Jahr bereits genannt ein Zug verließ Euston

Station for Manchester. It was a rainy, squally day, which grew
Station nach Manchester Es war ein regnerischer stürmischer Tag welcher wurde

wilder as it progressed, so it was by no means the weather in
chaotischer so wie er verlief so es war keineswegs das Wetter in

which anyone would travel who was not driven to do so by
welchem irgendjemand würde reisen der war nicht getrieben zu handeln so aus

necessity.
Zwang

The train, however, is a favourite one among Manchester
Der Zug jedoch ist ein beliebter (einer) unter aus Manchester stammenden

business men who are returning from town, for it does the
Geschäftsmännern die sind zurückkehrend aus der Stadt denn es [der Zug, er] schafft den

journey in four hours and twenty minutes, with only three stoppages
Weg in vier Stunden und zwanzig Minuten mit nur drei Stops

upon the way. In spite of the inclement evening it was, therefore, fairly
auf dem Weg Trotz des unfreundlichen Abends er war daher ziemlich

well filled upon the occasion of which I speak.
gut gefüllt zu der Gelegenheit von welcher ich spreche

The guard of the train was a tried servant of the company—a
Der Schaffner von dem Zug war ein erprobter Angestellter von der Bahngesellschaft ein

man who had worked for twenty-two years without a blemish or
Mann der hatte gearbeitet für zweiundzwanzig Jahre ohne einen Fehler oder [eine]

complaint. His name was John Palmer. The station clock was upon
Klage Sein Name war John Palmer Die Stationsuhr war auf

it was upon the stroke of five = es war Schlag fünf

the stroke of five, and the guard was about to give the customary
dem Schlag von fünf und der Schaffner war im Begriff zu geben das übliche

be about to + Verb = im Begriff sein etwas zu tun

signal to the engine-driver when he observed two belated passengers
Signal an den Lokführer als er bemerkte zwei verspätete Passagiere

hurrying down the platform.
eilend herunter den Bahnsteig

The one was an exceptionally tall man, dressed in a long black
Der eine war ein außergewöhnlich großer Mann gekleidet in einen langen schwarzen

overcoat with astrakhan collar and cuffs. I have already
Mantel mit Persianerkragen und [Persianer]ärmelaufschlägen Ich habe bereits

said that the evening was an inclement one, and the tall traveller had
gesagt dass der Abend war ein unfreundlicher (einer) und der große Reisende hatte

the high, warm collar turned up to protect his throat against the
den hohen warmen Kragen hochgeschlagen zu schützen seinen Hals gegen den

bitter **March wind**. He appeared, as far as the guard could judge
bitterkalten Märzwind Er schien so weit wie der Schaffner konnte beurteilen

by so hurried an inspection, to be a man between fifty
auf Grundlage von so eilig einer Betrachtung zu sein ein Mann zwischen fünfzig

and sixty years of age, who had retained a good deal of the vigour
und sechzig Jahren (von Alter) der hatte bewahrt einen guten Teil von der Vitalität

and activity of his youth. In one hand he carried a brown leather
und Betriebsamkeit von seiner Jugend In einer Hand er trug einen braunen ledernen

Gladstone bag.
zweiteiligen Reisehandkoffer

His companion was a lady, tall and erect, walking with a vigorous
Seine Begleiterin war eine Dame groß und aufrecht, gehend mit einem energischen

step which outpaced the gentleman beside her. She wore a long,
Schritt welcher überholte den Herrn neben ihr Sie trug einen langen

fawn-coloured cloak, a black, close-fitting hat, and a dark veil
rehfarbenen Mantel einen schwarzen eng sitzenden Hut und einen dunklen Schleier

which concealed the greater part of her face.
welcher verbarg den größeren Teil [das meiste] von ihrem Gesicht

The two might very well have passed as father and daughter. They
Die zwei konnten sehr gut haben durchgegangen als Vater und Tochter Sie

walked swiftly down the line of carriages, glancing in at the
gingen schnell ab die Reihe von Waggons blickend hinein an den

windows, until the guard, John Palmer, overtook them. "Now then,
Fenstern bis der Schaffner John Palmer überholte sie Nun denn

sir, look sharp, the train is going," said he.
Sir schauen Sie scharf der Zug ist abfahrend sagte er

look sharp = halt dich/ halten Sie sich ran (ugs.)

"First-class," the man answered. The guard turned the handle of the
Erste Klasse der Mann antwortete Der Schaffner drehte den Griff von der

nearest door. In the carriage which he had opened, there sat a small
nächsten Tür In dem Waggon welchen er hatte geöffnet da saß ein kleiner

man with a cigar in his mouth. His appearance seems to have
Mann mit einer Zigarre in seinem Mund Sein Aussehen scheint zu haben

impressed itself upon the guard's memory, for he was prepared,
eingeprägt sich auf [in] des Schaffners Gedächtnis denn er war bereit [fähig]

afterwards, to describe or to identify him.
hinterher zu beschreiben oder zu identifizieren ihn

He was a man of thirty-four or thirty-five years of age, dressed in
Er war ein Mann von vierunddreißig oder fünfunddreißig Jahren (von Alter) gekleidet in

some   grey   material,   sharp-nosed,   alert, with a
irgendein graues Material mit einer scharf geschnittenen Nase wachsam mit einem

ruddy,   weather-beaten face, and a   small, closely cropped,
rötlichen [vitalen] wettergegerbten Gesicht und einem kleinen kurz geschorenen

black   beard. He glanced up as the door was opened. The tall man
schwarzen Bart Er blickte hoch als die Tür wurde geöffnet Der große Mann

paused with his foot upon the step.
hielt inne mit seinem Fuß auf der Stufe

"This is a smoking compartment. The lady dislikes smoke," said
Dies ist ein   Raucherabteil   Die Dame verabscheut Rauch   sagte

he, looking round at the guard. "All right! Here you are, sir!" said
er   sich umblickend zu dem Schaffner Ganz richtig Hier   Sie sind Sir   sagte
     All right! = In Ordnung!/ Schon gut! Alles klar!   Here you are! = Bitte sehr!

John Palmer. He slammed the door of the smoking carriage, opened
John   Palmer Er schlug zu die Tür von dem   Raucherwaggon   öffnete

that of the   next   one, which was empty, and thrust the two
die von dem nächsten (einen) welcher war leer und schob die beiden

travellers in. At the same moment he sounded his whistle and the
Reisenden hinein Zu dem selben Moment er ließ ertönen seine Pfeife und die

wheels of the train began to move.
Räder von dem Zug begannen zu bewegen sich

The man with the cigar was at the window of his carriage, and said
Der Mann mit der Zigarre war an dem Fenster von seinem Waggon und sagte

something to the guard as he rolled past   him, but the words were
etwas zu dem Schaffner als er rollte vorbei [an] ihm aber die Worte waren

lost   in the bustle of the departure. Palmer stepped into the guard's
verloren in der Hektik von der Abfahrt   Palmer stieg in den Schaffner-

van, as it came up to him, and thought no more of the incident.
Wagen als er entgegenkam (zu) ihm und dachte nicht mehr an den Vorfall

Twelve minutes after its departure the train reached Willesden
Zwölf   Minuten nach seiner Abfahrt der Zug erreichte [Stations-

Junction, where it stopped for a very short interval. An examination
name]   wo er anhielt für eine sehr kurze Pause Eine Überprüfung

of the tickets has made it certain that no one either joined or left
von den Fahrscheinen hat gemacht es sicher dass niemand entweder zustieg oder verließ

it at this time, and no passenger was seen to alight upon the
ihn zu dieser Zeit und kein Passagier wurde gesehen auszusteigen auf den

platform.
Bahnsteig

40

At 5:14 the journey to Manchester was resumed, and Rugby was
Um 5:14 die Reise nach Manchester wurde fortgesetzt und [Stationsname] wurde

reached at 6:50, the express being five minutes late. At Rugby
erreicht um 6:50 der Expresszug seiend fünf Minuten verspätet Bei [Stationsname]

the attention of the station officials was drawn to the fact that
die Aufmerksamkeit von den Stationsbeamten wurde gezogen auf die Tatsache dass

the door of one of the first-class carriages was open.
die Tür von einem von den Erste-Klasse-Waggons war offen

An examination of that compartment, and of its neighbour,
Eine Überprüfung von jenem Waggon und von seinem Nachbar[waggon]

disclosed a remarkable state of affairs. The smoking carriage in
ergab eine verwunderliche Sachlage Der Raucherwaggon in

which the short, red-faced man with the black beard had been
welchem der kleine rotgesichtige Mann mit dem schwarzen Bart hatte geworden

seen was now empty. Save for a half-smoked cigar, there was
gesehen war nun leer Abgesehen von einer halb gerauchten Zigarre da war

no 1... trace whatever ...1 of its recent occupant.
keinerlei Spur von seinem letzten Inhaber [Passagier des Waggons]

The door of this carriage was fastened. In the next compartment,
Die Tür von diesem Waggon war verschlossen In dem nächsten Abteil

to which attention had been originally drawn, there was no sign
auf welches Aufmerksamkeit hatte geworden ursprünglich gezogen da war keine Spur

either of the gentleman with the astrakhan collar or of the young
weder von dem Herrn mit dem Persianerkragen noch von der jungen

lady who accompanied him. All three passengers had disappeared.
Dame die begleitete ihn Alle drei Passagiere hatten verschwunden

On the other hand, there was found upon the floor of this carriage—
Andererseits dort wurde gefunden auf dem Boden von diesem Waggon

the one in which the tall traveller and the lady had been—a young
der (eine) in welchem der große Reisende und die Dame hatten gewesen ein junger

man fashionably dressed and of elegant appearance. He lay with his
Mann modisch gekleidet und von elegantem Äußeren Er lag mit seinen

Knees drawn up, and his head resting against the
Knien angezogen [zum Körper hin] und sein Kopf lehnte gegen die

farther door, an elbow upon either seat. A bullet had
weiter hinten liegende Tür einen Ellenbogen auf jedem Sitz Eine Kugel hatte

penetrated his heart and his death must have been instantaneous.
durchdrungen sein Herz und sein Tod musste haben gewesen augenblicklich

No one had seen such a man enter the train, and no railway ticket
Niemand hatte gesehen solch einen Mann betreten den Zug und kein Zugticket

was found in his pocket, neither were there any   markings upon
wurde gefunden in seiner Tasche, weder waren da irgendwelche Merkmale auf

his   linen,   nor papers nor personal property which might
seiner Wäsche [Kleidung] noch Unterlagen oder persönliche Habseligkeiten welche konnten

help to identify him.
helfen zu identifizieren ihn

Who he was, whence he had come, and how he had met his end
Wer er war woher er hatte gekommen und wie er hatte gefunden sein Ende

were each   as great a mystery as what had occurred to the
waren jedes [jeweils] ebenso groß ein Rätsel wie was hatte zugestoßen (zu) den

three people who had started an hour and a half before from
drei Personen die hatten aufgebrochen eine Stunde und eine halbe zuvor von

Willesden in those two compartments.
[Stationsname] in diesen beiden Zugabteilen

I have said that there was no personal property which might help to
Ich habe gesagt dass da war kein persönliches Eigentum welches konnte helfen zu

identify him, but it is true that there was one peculiarity about this
identifizieren ihn aber es ist wahr dass da war eine Eigentümlichkeit an diesem

unknown young man which was much commented upon at the time.
unbekannten jungen Mann welche wurde viel kommentiert (auf) zu der Zeit

In his pockets were found no fewer than six valuable gold
In seinen Taschen wurden gefunden nicht weniger als sechs wertvolle Gold-

watches, three in the various pockets of his waist-coat, two in his
uhren drei in den verschiedenen Taschen von seiner Weste zwei in seiner

breast-pocket, and one small one set in a leather strap and
Brusttasche und eine kleine (eine) eingefasst in ein ledernes Armband und

fastened round his left wrist.
befestigt herum um sein linkes Handgelenk

The obvious explanation that the man was a pickpocket, and that this
Die offenkundige Erklärung dass der Mann war ein Taschendieb und dass dies

was his plunder, was discounted by the fact that all six were of
war sein Diebesgut wurde abgetan durch die Tatsache dass alle sechs waren von

American make and of a type which is rare in England. Three of
amerikanischer Machart und von einem Typ welcher ist selten in England Drei von

them bore the mark of the Rochester Watchmaking Company;
ihnen trugen das Markenzeichen von der Rochester Uhrmachergesellschaft

one was by Mason, of Elmira; one was unmarked;   and
eine war von [Hersteller] aus [Stadt] eine war unmarkiert [ohne Herstellerangabe] und

the small one, which was highly jewelled and ornamented, was from
die kleine (eine) welche war stark juwelenbesetzt und verziert war von

Tiffany, of New York.
[Hersteller] aus New York

The other contents of his pocket consisted of an ivory knife with
Der weitere Inhalt von seiner Tasche bestand aus einem Elfenbeinmesser mit

a corkscrew by Rodgers, of Sheffield; a small, circular mirror, one
einem Korkenzieher von [Hersteller] aus [Stadt] einem kleinen runden Spiegel ein

inch in diameter; a readmission slip to the Lyceum Theatre; a
[Längenmaß] im Durchmesser ein Wiedereinlassbeleg für das Lyceum Theater eine

silver box full of matches, and a brown leather cigar-case
silberne Schachtel voll mit Streichhölzern und eine braune lederne Zigarrenschachtel

containing two cheroots—also two pounds fourteen shillings in
enthaltend zwei Stumpen ebenso zwei [Währung] vierzehn [Währung] in

money. It was clear, then, that whatever motives may have led to
Bargeld Es war eindeutig dann dass egal welche Motive mögen haben geführt zu

his death, robbery was not among them.
seinem Tod Raub war nicht unter ihnen

As already mentioned, there were no markings upon the man's linen,
Wie bereits erwähnt da waren keine Merkmale auf des Mannes Kleidung

which appeared to be new, and no tailor's name upon his coat. In
welche schien zu sein neu und keines Schneiders Name auf seinem Mantel Von

appearance he was young, short, smooth-cheeked, and delicately
Erscheinung er war jung klein glattwangig und feingliedrig

featured. One of his front teeth was conspicuously stopped with
gestaltet [gebaut] Einer von seinen Frontzähnen war deutlich sichtbar verplombt mit

gold.
Gold

On the discovery of the tragedy an examination was instantly
Bei der Entdeckung von der Tragödie eine Überprüfung wurde unverzüglich

made of the tickets of all passengers, and the number of the
durchgeführt von den Fahrkarten von allen Passagieren und die Anzahl von den

passengers themselves was counted. It was found that only
Passagieren (selbst) wurde gezählt Es wurde herausgefunden dass nur

three tickets were unaccounted for, corresponding to the three
drei Fahrkarten wurden nicht ausgewiesen in Übereinstimmung mit den drei

travellers who were missing.
Reisenden die wurden vermisst

The express was then allowed to proceed, but a new guard
Dem Expresszug wurde anschließend gestattet abzufahren aber ein neuer Schaffner

was sent with it, and John Palmer was detained as a
wurde geschickt mit ihm [dem Zug] und John Palmer wurde zurückbehalten als ein

witness at Rugby. The carriage which included the two compartments
Zeuge in Rugby Der Waggon welcher enthielt die zwei Abteile

in question was uncoupled and side-tracked.
in Frage [fraglich/betroffen] wurden entkoppelt und auf ein Rangiergleis gebracht

Then, on the arrival of Inspector Vane, of Scotland Yard, and of Mr.
Danach, bei der Ankunft von Inspektor Vane von [Polizeibehörde] und von Herrn

Henderson, a detective in the service of the railway company, an
Henderson einem Kriminalbeamten in dem Dienst von der Eisenbahngesellschaft eine

exhaustive inquiry was made into all the circumstances.
eingehende Ermittlung wurde durchgeführt hinein in all die Umstände [Ereignisse]

That a crime had been committed was certain. The bullet, which
Dass ein Verbrechen hatte geworden verübt war sicher Die Kugel welche

appeared to have come from a small pistol or revolver, had been
schien zu haben gekommen aus eine/r/m kleinen Pistole oder Revolver hatte geworden

fired from some little distance, as there was no scorching of the
abgefeuert aus einiger kleinen Entfernung da dort waren keine Sengschäden (von) der

„little": Ironie, gemeint ist eine beträchtliche Entfernung/ „some" wirkt verstärkend

clothes. No weapon was found in the compartment (which finally
Kleidung Keine Waffe wurde gefunden in dem Abteil was schließlich

disposed of the theory of suicide), nor was there any sign of the
aus der Welt räumte die Selbstmordtheorie noch war dort irgendeine Spur von der

brown leather bag which the guard had seen in the hand of the tall
braunen Ledertasche welche der Schaffner hatte gesehen in der Hand von dem großen

gentleman. A lady's parasol was found upon the rack, but no
Herrn Ein Damensonnenschirm wurde gefunden auf dem Ablageregal aber keine

other trace was to be seen of the travellers in either of the sections.
andere Spur war zu sehen von den Reisenden in beiden von den Abteilen

Apart from the crime, the question of how or why three passengers
Abgesehen von dem Verbrechen, die Frage (von) wie oder warum drei Passagiere

(one of them a lady) could get out of the train, and one other
einer von ihnen eine Dame konnten herauskommen aus dem Zug und ein anderer

get in during the unbroken run between Willesden and Rugby,
hineingelangen während der ununterbrochenen Fahrt zwischen Willesden und Rugby

was one which excited the utmost curiosity among the general
war eine [Frage] welche erregte die allergrößte Neugier unter [in] der Allgemein-

public, and gave rise to much speculation in the London Press.
heit und gab Anlass zu zahlreichen Spekukationen in der Londoner Presse

John Palmer, the guard was able at the inquest to give some
John Palmer der Schaffner war in der Lage bei der Untersuchung abzugeben einige

evidence which threw a little light upon the matter. There was a
Aussagen welche warfen etwas Licht auf die Sache Da war eine

spot between Tring and Cheddington, according to his statement,
Stelle zwischen [Ortsname] und [Ortsname] nach seiner Aussage

where, on account of some repairs to the line, the train had for a few
wo wegen einiger Reparaturen an der Strecke der Zug hatte für einige

minutes slowed down to a pace not exceeding eight or ten miles
Minuten abgebremst zu einem Tempo nicht überschreitend acht oder zehn Meilen

an hour. At that place it might be possible for a man, or even for
pro Stunde An diesen Ort es mochte sein möglich für einen Mann oder selbst für

an exceptionally active woman, to have left the train without
eine außergewöhnlich aktive [wagemutige] Frau zu haben verlassen den Zug ohne

serious injury.
ernsthafte Verletzung

It was true that a gang of platelayers was there, and that they
Es war wahr [traf zu] dass eine Gruppe von Schienenarbeitern war dort und dass sie

had seen nothing, but it was their custom to stand in the middle
hatten gesehen nichts aber es war ihre Gewohnheit zu stehen in der Mitte

between the metals, and the open carriage door was upon the far
zwischen den Gleisen und die offene Waggontür war auf der anderen

side, so that it was conceivable that someone might have alighted
Seite so dass es war vorstellbar dass jemand konnte haben ausgestiegen

unseen, as the darkness would by that time be setting in.
unbemerkt da die Dunkelheit würde zu jener Zeit [inzwischen] sein heraufziehend

A steep embankment would instantly screen anyone who sprang
Eine steile Böschung würde augenblicklich abschirmen jeden der spränge

out from the observation of the navvies. The guard also deposed
hinaus von der Beobachtung von den Straßenarbeitern Der Schaffner auch sagte aus

that there was a good deal of movement upon the platform at
dass dort war eine erhebliche Menge an Aktivitäten auf dem Bahnsteig bei

Willesden Junction, and that though it was certain that no one had
[Stationsname] und dass obwohl es war sicher dass niemand hatte

either joined or left the train there, it was still quite
entweder sich angeschlossen [dem] oder verlassen den Zug dort es war dennoch gut

possible that some of the passengers might have changed unseen
möglich dass einige von den Passagieren konnten haben gewechselt unbemerkt

from one compartment to another.
von einem Abteil zum nächsten

It was by no means uncommon for a gentleman to finish his cigar
Es war keineswegs ungewöhnlich für einen Herren aufzurauchen seine Zigarre

in a smoking carriage and then to change to a clearer atmosphere.
in einem Raucherabteil und dann zu wechseln zu einem frischeren Ambiente

Supposing that the man with the black beard had done so at
Annehmend dass der Mann mit dem schwarzen Bart hatte getan so bei

Willesden (and the half-smoked cigar upon the floor seemed to favour
[Stationsname] und die halb gerauchte Zigarre auf dem Boden schien zu stützen

the supposition), he would naturally go into the   nearest   section,
die   Annahme   er würde   natürlich gehen in das nächstgelegene Abteil

which would bring him into the company of the two other actors in
was   würde führen ihn in die Gesellschaft von den beiden anderen Darstellern in

this drama. Thus the first stage of the   affair   might   be
diesem Drama   Somit die erste Szene von der Angelegenheit konnte werden

surmised   without   any   great breach of   probability.
zusammengereimt ohne irgendwelche großen Verstöße von [gegen die] Wahrscheinlichkeit

But what the second stage had been, or how the final one had been
Aber was die zweite Szene hatte gewesen oder wie die finale (eine) hatte geworden

arrived at, neither the guard nor the experienced detective officers
erreicht   weder   der Schaffner noch die   erfahrenen   Kriminalbeamten

could suggest. A   careful examination of the line between Willesden
konnten nahelegen Eine gründliche Untersuchung von der Strecke zwischen [Stationsname]

and   Rugby resulted in one discovery which might or might not have
und [Stationsname] führten zu einer Entdeckung welche mochte oder mochte nicht haben

a   bearing upon the tragedy.
einen Zusammenhang mit der Tragödie

Near Tring, at the very place where the train slowed down, there was
Nahe [Ortsname] an genau dem Ort   wo der Zug   herunterbremste   dort wurde

| very = sehr   vor einem Substantiv dient „very" dazu, eine Aussage zu verstärken |

found   at the bottom of the embankment a small pocket Testament,
gefunden auf dem Grund von dem Bahndamm eine kleine   Taschenbibel

very shabby and worn. It was printed by the Bible Society of London,
sehr schäbig und abgegriffen Sie war gedruckt von der Bibelgesellschaft von London

and bore an inscription: "From John to Alice. Jan. 13th, 1856".
und trug eine   Inschrift   Von John für Alice Januar 13ter 1856

Underneath was written: "James. July 4th, 1859," and beneath that
Darunter   war geschrieben James Juli 4ter 1859 und unter dem

again: "Edward. Nov. 1st, 1869," all the entries being in the same
außerdem Edward November erster 1869 all die Einträge seiend in der gleichen

handwriting.
Handschrift

This was the only   clue,   if it could be called a   clue,   which
Dies war der einzige Anhaltspunkt wenn es konnte werden genannt ein Anhaltspunkt welchen

the police obtained, and the   coroner's   verdict   of "Murder
die Polizei   erhielt   und des Leichenbeschauers Untersuchungsergebnis von Mord

by   a person or persons unknown"   was the
durch eine Person oder Personen unbekannt [ein oder mehrere Unbekannte] war der

unsatisfactory ending of   a   singular case. Advertisement, rewards,
unbefriedigende Abschluss von einem sonderbaren Fall   Anzeigen   Belohnungen

and inquiries proved equally fruitless, and nothing could
und Nachforschungen erwiesen sich als gleichermaßen ergebnislos und nichts konnte

be found which was solid enough to form the basis for a
werden gefunden was war stichhaltig genug zu bilden die Grundlage für eine

profitable investigation. It would be a mistake, however, to suppose
lohnende Ermittlung Es würde sein ein Fehler jedoch anzunehmen

that no theories were formed to account for the facts.
dass keine Theorien wurden gebildet zu erklären die Fakten

On the contrary, the Press, both in England and in America, teemed
Im Gegenteil die Presse sowohl in England als auch in Amerika strotzte

with suggestions and suppositions, most of which were obviously
vor Vorschlägen und Vermutungen [die] meisten von welchen waren offenkundig

absurd. The fact that the watches were of American make, and
lächerlich Die Tatsache dass die Uhren waren von amerikanischer Machart und

some peculiarities in connection with the gold stopping of his front
einige Besonderheiten in Verbindung mit der Goldfüllung von seinem Vorder-

tooth, appeared to indicate that the deceased was a citizen of the
zahn schien erkennen zu lassen dass der Verstorbene war ein Bürger von den

United States, though his linen, clothes and boots were undoubtedly
Vereinigten Staaten obwohl seine Wäsche Kleidung und Stiefel waren zweifellos

of British manufacture.
aus britischer Herstellung

It was surmised, by some, that he was concealed under the seat, and
Es wurde gemutmaßt von manchen dass er war versteckt unter dem Sitz und

that, being discovered, he was for some reason, possibly because
dass werdend entdeckt er wurde aus irgendeinem Grund möglicherweise weil

he had overheard their guilty secrets, put to death by
er hatte mitbekommen ihre schuldigen [schlechten] Geheimnisse gebracht zu Tode von

his fellow-passengers. When coupled with generalities as to the
seinen Mitreisenden Wenn verbunden mit Allgemeinheiten hinsichtlich der

ferocity and cunning of anarchical and other secret societies, this
Grausamkeit und Gerissenheit von anarchistischen und anderen Geheimgesellschaften diese

theory sounded as plausible as any.
Theorie klang so einleuchtend wie jede [andere]

The fact that he should be without a ticket would be
Die Tatsache dass er sollte sein [war] ohne einen Fahrschein würde sein [wäre]

consistent with the idea of concealment, and it was well known
vereinbar mit dem Gedanken an [ein] Verstecksthalten und es war allgemein bekannt

that women played a prominent part in the Nihilistic propaganda.
dass Frauen spielten eine herausragende Rolle in der nihilistischen Propaganda

Nihilismus : Weltanschauung, die bestehende Normen und Werte ablehnt

On the other hand, it was clear, from the guard's statement, that the
Andererseits es war klar durch des Schaffners Aussage dass der

man must have been hidden there BEFORE the others arrived, and
Mann musste haben gewesen versteckt dort bevor die Anderen ankamen und

how unlikely the coincidence that conspirators should stray
wie unwahrscheinlich der Zufall dass Verschwörer sollten sich verirren

exactly into the very compartment in which a spy was already
genau in ausgerechnet jenes Abteil in welchem ein Spion war bereits

concealed! Besides, this explanation ignored the man in the
versteckt Außerdem diese Erklärung berücksichtigte nicht den Mann in dem

smoking carriage, and gave no reason at all for his simultaneous
Raucherwaggon und gab keine Begründung überhaupt für sein gleichzeitiges

disappearance.
Verschwinden

The police had little difficulty in showing that such a theory
Die Polizei hatte wenig Schwierigkeiten in zeigend [zu zeigen] dass solch eine Theorie

would not cover the facts, but they were unprepared
würde nicht abdecken [berücksichtigen] die Fakten aber sie waren unvorbereitet [unfähig]

in the absence of evidence to advance any alternative explanation.
in der Abwesenheit von Beweisen vorzubringen irgendeine alternative Erklärung

There was a letter in the Daily Gazette, over the signature of a
Da war ein Brief in der [Zeitungsname] über der Unterschrift von einem

well-known criminal investigator, which gave rise to considerable
namhaften Kriminalermittler was führte zu [einer] erheblichen

discussion at the time. He had formed a hypothesis which had
Debatte zu der Zeit Er hatte gebildet eine Hypothese welche hatte

at least ingenuity to recommend it, and I cannot do better than
zumindest Einfallsreichtum zu empfehlen sie und ich kann nicht handeln besser als
sth. has sth. to recommend it = etwas ist aufgrund einer Eigenschaft nützlich/ interessant

append it in his own words.
anfügen sie in seinen eigenen Worten

"Whatever may be the truth," said he, "it must depend upon some
Was auch immer mag sein die Wahrheit sagte er es muss beruhen auf einer

bizarre and rare combination of events, so we need have no
bizarren und außergewöhnlichen Verbindung von Ereignissen so wir brauchen haben kein

hesitation in postulating such events in our explanation. In the
Zögern in voraussetzend solche Ereignisse in unserer Erklärung In der

absence of data we must abandon the analytic or
Abwesenheit [mangels] von Fakten wir müssen ablegen die analytische oder

scientific method of investigation, and must approach it in the
wissenschaftliche Ermittlungsmethode und müssen angehen es in der

synthetic fashion.
zusammenfügenden Art und Weise

In a word, instead of taking known events and deducing
In einem Wort [kurz gesagt] anstatt von nehmend bekannte Ereignisse und ableitend

from them what has occurred, we must build up a fanciful
von ihnen was hat geschehen wir müssen aufbauen eine phantasievolle

explanation if it will only be consistent with known events. We
Erklärung wenn sie wird nur sein übereinstimmend mit bekannten Ereignissen Wir

can then test this explanation by any fresh facts which may
Können dann erproben diese Erklärung an jeglichen neuen Fakten welche mögen

arise.
auftauchen

If they all fit into their places, the probability is that we
Wenn sie alle passen in ihre Plätze die Wahrscheinlichkeit ist [gegeben] dass wir

are upon the right track, and with each fresh fact this probability
sind auf der richtigen Spur und mit jedem neuen Fakt diese Wahrscheinlichkeit

increases in a geometrical progression until the evidence becomes
nimmt zu in einer geometrischen Steigerung bis die Beweisführung wird

final and convincing.
unumstößlich und überzeugend

"Now, there is one most remarkable and suggestive fact which has
Nun da ist ein höchst bemerkenswerter und hinweisreicher Fakt welcher hat [ist]

not met with the attention which it deserves. There is a local train
nicht getroffen auf die Aufmerksamkeit welche er verdient Da ist ein Vorortszug

running through Harrow and King's Langley, which is timed
fahrend durch [Londoner Stadtbezirk] und [Ortsname] welcher ist eingeplant

in such a way that the express must have overtaken it at or
auf solch eine Weise dass der Expresszug muss haben überholt ihn um oder

about the period when it eased down its speed to eight
etwa herum um die Zeit als er absenkte seine Geschwindigkeit auf acht

miles an hour on account of the repairs of the line.
Meilen pro Stunde wegen der Reparaturarbeiten von der Strecke

The two trains would at that time be travelling in the same direction at
Die beiden Züge würden zu jener Zeit sein reisend in der gleichen Richtung bei

a similar rate of speed and upon parallel lines. It is within
einem ähnlichen Maß an Geschwindigkeit und auf parallelen Gleisen Es ist innerhalb

every one's experience how, under such circumstances, the occupant
jedermanns Erfahrung wie unter solchen Umständen der Inhaber

of each carriage can see very plainly the passengers in the other
von jedem Waggon kann sehen sehr deutlich die Passagiere in den anderen

carriages opposite to him. The lamps of the express had been
Eisenbahnwagons gegenüber von ihm Die Lampen von dem Expresszug hatten geworden

lit at Willesden, so that each compartment was brightly
angemacht bei [Stationsname] so dass jedes Abteil war hell

illuminated, and most visible to an observer from outside.
erleuchtet und äußerst einsehbar für einen Beobachter von außen

"Now, the sequence of events as I reconstruct them would be after
Nun die Abfolge von Ereignissen wie ich rekonstruiere sie würde sein nach

this fashion. This young man with the abnormal number of watches
dieser Art Dieser junge Mann mit der ungewöhnlichen Anzahl von Uhren

was alone in the carriage of the slow train. His ticket, with his
war allein in dem Wagen von dem langsamen Zug Sein Fahrschein mit seinen

papers and gloves and other things, was, we will suppose, on the
Dokumenten und Handschuhen und anderen Dingen war wir wollen annehmen auf dem

seat beside him. He was probably an American, and also probably
Sitz neben ihm Er war wahrscheinlich ein Amerikaner und auch wahrscheinlich

a man of weak intellect. The excessive wearing of jewellery is an
ein Mann von schwachem Intellekt Das übertriebene Tragen von Schmuck ist ein

early symptom in some forms of mania.
frühes Symptom in einigen Formen von Wahnsinn

"As he sat watching the carriages of the express which were
Als er saß beobachtend die Wagen von dem Expresszug welche waren

(on account of the state of the line) going at the same pace
wegen des Zustandes von der Strecke fahrend bei der gleichen Geschwindigkeit

as himself, he suddenly saw some people in it whom he knew.
wie er selbst er plötzlich sah einige Personen in ihm [dem Zug] die er kannte

We will suppose for the sake of our theory that these people were
Wir wollen annehmen im Interesse von unserer Theorie dass diese Personen waren

a woman whom he loved and a man whom he hated—and who in
eine Frau die er liebte und ein Mann den er hasste und der im

return hated him.
Gegenzug hasste ihn

The young man was excitable and impulsive. He opened the door of
Der junge Mann war reizbar und impulsiv Er öffnete die Tür von

his carriage, stepped from the footboard of the local train to the
seinem Waggon trat von dem Trittbrett von dem Vorortszug auf das

footboard of the express, opened the other door, and made his
Trittbrett von dem Expresszug öffnete die andere Tür und machte seinen

way into the presence of these two people. The feat (on the
Weg [trat] in die Gegenwart von diesen beiden Personen Die Leistung auf der

supposition that the trains were going at the same pace) is
Annahme [angenommen] dass die Züge waren fahrend bei der gleichen Geschwindigkeit ist

by no means so perilous as it might appear. "Having now got
keineswegs so gefährlich wie es mag erscheinen Habend 1... nun ...1

50

our young man, without his ticket, into the carriage in which the
unseren jungen Mann ohne seinen Fahrschein in dem Waggon in welchem der

elder man and the young woman are travelling, it is not difficult
ältere Mann und die junge Frau sind reisend es ist nicht schwer

to imagine that a violent scene ensued.
sich vorzustellen dass eine gewalttätige Szene sich daraus ergab

It is possible that the pair were also Americans, which is
Es ist möglich dass das Paar [die beiden] waren ebenfalls Amerikaner was ist

the more probable as the man carried a weapon—an unusual thing
umso mehr wahrscheinlich da der Mann trug eine Waffe eine ungewohnliche Sache

in England. If our supposition of incipient mania is correct, the
in England Wenn unsere Annahme von aufkommendem Wahnsinn ist richtig der

young man is likely to have assaulted the other.
junge Mann ist wahrscheinlich zu haben [hat wahrscheinlich] angegriffen den anderen

As the upshot of the quarrel the elder man shot the intruder, and
Als das Ergebnis von dem Streit der ältere Mann erschoss den Eindringling und

made his escape from the carriage, taking the young lady with
machte seine Flucht [flüchtete] von dem Waggon nehmend die junge Dame mit

him. We will suppose that all this happened very rapidly, and that the
sich Wir wollen annehmen dass all dies geschah sehr schnell und dass der

train was still going at so slow a pace that it was not
Zug war noch immer fahrend bei so gering einer Geschwindigkeit dass es war nicht

difficult for them to leave it. A woman might leave a
schwierig für sie zu verlassen ihn [den Zug] Eine Frau könnte verlassen einen

train going at eight miles an hour. As a matter of fact, we know that
Zug fahrend bei acht Meilen pro Stunde Als eine Tatsache wir wissen dass

as a matter of fact = in der Tat/ freilich

this woman DID do so.
diese Frau tat (tun) dies

"And now we have to fit in the man in the smoking carriage.
Und nun wir müssen unterbringen den Mann in dem Raucherabteil

Presuming that we have, up to this point, reconstructed the tragedy
Annehmend dass wir haben bis zu diesem Punkt rekonstruiert die Trägödie

correctly, we shall find nothing in this other man to cause us to
richtig, wir dürfen finden nichts an diesem anderen Mann zu veranlassen uns zu

reconsider our conclusions. According to my theory, this man saw
überdenken unsere Schlussfolgerungen Nach meiner Theorie dieser Mann sah

the young fellow cross from one train to the other, saw him open
den jungen Burschen hinübersteigen von einem Zug zu dem anderen sah ihn öffnen

the door, heard the pistol-shot, saw the two fugitives spring out
die Tür hörte den Pistolenschuss sah die beiden Flüchtenden springen heraus

on to the line, realized that murder had been done, and **sprang out**
auf das Gleis erkannte dass Mord hatte geworden verübt und sprang hinaus

himself in pursuit. Why he has never been heard of since—
selbst in [deren] Verfolgung Warum er hat niemals geworden gehört von seitdem

whether he met his own death in the pursuit, or whether, as is
ob er fand seinen eigenen Tod in der Verfolgung oder ob, wie [es] ist

more likely, he was made to realize that it was not a case for his
wahrscheinlicher er wurde gemacht zu erkennen dass es war nicht ein Fall für seine

be made to do sth. = etwas tun müssen

interference—is a detail which we have **at present** no means of
Einmischung ist ein Detail [für] welches wir haben zur Zeit keine Möglichkeit zu

explaining. I acknowledge that there are some difficulties in the way.
erklärend Ich **gebe zu** dass da sind einige Schwierigkeiten in dem [im] Weg

At first sight, it might seem improbable that at such a moment
Auf [den] ersten Blick es mag scheinen unwahrscheinlich dass in solch einem Moment

a murderer would burden himself in his flight with a brown leather
ein Mörder würde belasten sich selbst auf seiner Flucht mit einer braunen Leder-

bag. My answer is that he was well aware that if the bag were
tasche Meine Antwort ist dass er [ihm] war sehr wohl bewusst dass wenn die Tasche würde

found his identity would be established.
gefunden seine Identität würde werden festgestellt

It was absolutely necessary for him to take it with him. My
Es war absolut notwendig für ihn zu nehmen sie [die Tasche] mit sich Meine

theory stands or falls upon one point, and I call upon the railway
Theorie steht oder fällt auf [mit] einem Punkt [Detail] und ich fordere auf die Eisenbahn-

company to make strict inquiry as to whether a
gesellschaft zu machen [vorzunehmen] genaue Untersuchungen hinsichtlich ob ein

ticket was found unclaimed in the local train through Harrow
Fahrschein wurde gefunden herrenlos in dem Vorortszug durch [Londoner Stadtbezirk]

and King's Langley upon the 18th of March.
und [Ortsname] an dem 18ten von März

If such a ticket were found my case is proved. If not, my
Wenn solch ein Fahrschein würde gefunden mein Argument ist bewiesen Wenn nicht meine

theory may still be the correct one, for it is conceivable either that
Theorie kann trotzdem sein die korrekte (eine) denn es ist vorstellbar entweder dass

he travelled without a ticket or that his ticket was lost."
er reiste ohne einen Fahrschein oder dass sein Fahrschein wurde [ging] verloren

To this elaborate and plausible hypothesis the answer of the police
Auf diese ausgefeilte und plausible Hypothese die Antwort von der Polizei

and of the company was, first, that no such ticket was found;
und von der Bahngesellschaft war erstens dass kein solcher Fahrschein wurde gefunden

secondly, that the slow train would never run parallel to the express;
zweitens dass der langsame Zug würde niemals fahren parallel zu dem Expresszug

and, thirdly, that the local train had been stationary in
und drittens dass der Vorortszug hatte gewesen stationär [Halt machend] in [der]

King's Langley Station when the express, going at fifty miles an hour,
King's Langley Station als der Expresszug fahrend bei fünfzig Meilen pro Stunde

had flashed past it.
hatte vorbeigerast [an] ihm

So perished the only satisfying explanation, and five years have
So ging unter die einzige zufriedenstellende Erklärung und fünf Jahre haben

elapsed without supplying a new one. Now, at last, there comes a
vergangen ohne liefernd eine neue (eine) Nun endlich da kommt eine

statement which covers all the facts, and which must be regarded as
Aussage welche deckt ab all die Fakten und welche muss werden betrachtet als

authentic. It took the shape of a letter dated from New
glaubwürdig Sie nahm an die [erschien in] Form von einem Brief datiert in New

York, and addressed to the same criminal investigator whose theory I
York und gerichtet an den selben Kriminalermittler dessen Theorie ich

have quoted. It is given here in extenso, with the exception of the
habe zitiert Er ist wiedergegeben hier ausführlich mit der Ausnahme von den

two opening paragraphs, which are personal in their nature:
zwei einleitenden Absätzen welche sind persönlich in ihrer [von persönlicher] Natur

"You'll excuse me if I'm not very free with names. There's
Sie werden entschuldigen mich wenn ich bin nicht sehr frei mit Namen Da ist

less reason now than there was five years ago when mother was still
weniger Grund jetzt als da war vor fünf Jahren als Mutter war noch

living. But for all that, I had rather cover up our tracks all I can.
lebend Aber trotz allem ich hätte lieber verdecken unsere Spuren soweit ich kann

I had rather = ich würde lieber

But I owe you an explanation, for if your idea of it was
Aber ich schulde Ihnen eine Erklärung denn [selbst] wenn Ihre Vorstellung davon war

wrong, it was a mighty ingenious one all the same.
falsch es war eine verdammt einfallsreiche (eine) nichtsdestotrotz

I'll have to go back a little so as you may understand all
Ich werde haben zu [müssen] gehen zurück ein wenig damit Sie können verstehen alles

about it. "My people came from Bucks, England, and emigrated to
darüber Meine Leute kamen aus Bucks England und wanderten aus in

the States in the early fifties. They settled in Rochester, in the
die Staaten in den frühen Fünfzigern Sie siedelten sich an in Rochester in dem

State of New York, where my father ran   a   large dry goods store.
Staat von New York   wo   mein Vater betrieb einen großen   Kurzwarenladen

There were only two sons: myself, James, and my brother, Edward. I
Da   waren   nur   zwei Söhne Ich selbst   James   und   mein Bruder   Edward   Ich

was ten years older than my brother, and after my father died I
war zehn Jahre   älter   als   mein   Bruder   und nachdem mein   Vater   starb ich

sort of   took the place of   a   father to him, as an elder brother
sozusagen übernahm den   Platz von einem Vater   für ihn   wie ein älterer   Bruder [es]

would.
würde

He was a bright, spirited boy, and just one of the most beautiful
Er   war ein kluger   lebhafter Junge   und einfach eine von den   großartigsten

creatures that ever lived. But there was always a soft spot
Kreaturen   die jemals lebte   Aber   da   war   immer eine weiche Stelle [eine Schwäche]

in him, and it was like mould in cheese, for it   spread   and
in ihm   und sie war   wie Schimmel in   Käse   denn sie breitete sich aus   und

spread,   and nothing that you could   do would stop it.
breitete sich aus   und   nichts   dass   du   konntest [man konnte] tun würde aufhalten sie

Mother saw it just as clearly as I   did, but she went on spoiling him
Mutter   sah es   ebenso   deutlich wie ich [es] tat   aber   sie   fuhr fort   verwöhnend   ihn

all the same, for he had such a way with him that you could refuse
nichtsdestotrotz   denn er   hatte solch eine Art   an   sich   dass man   konnte verweigern

him nothing. I did all   I could to hold 1... him in ...1, and he hated
ihm   nichts   Ich tat alles [was] ich konnte zu zügeln   ihn   und   er   hasste

me for my   pains. " At last he became incontrollable, and nothing
mich für meine Anstrengungen Schließlich er   wurde   unkontrollierbar   und   nichts

that we could do would stop him. He   got off   into New York,
was wir konnten tun würde aufhalten ihn   Er   machte sich davon   nach   New   York

and went rapidly from bad to worse. At first he was only fast,
und   schritt fort   schnell   von schlimm zu schlimmer Anfangs er   war   nur ungehemmt

and then he was criminal; and then, at the end of a   year or two, he
und   dann   er   war   kriminell   und   dann an dem Ende von einem Jahr oder zwei   er

was one of the most notorious young crooks in the city.
war einer von den   berüchtigtsten   jungen   Gaunern   in der   Stadt

He had formed a friendship with Sparrow MacCoy, who was at the
Er   hatte entwickelt eine Freundschaft   mit   Sparrow   MacCoy   der   war an der

head of his profession as a trickster and general rascal. They
Spitze von seinem   Fach   als ein Trickbetrüger und   Universalhalunke   Sie

took to   card-sharping, and frequented some of the best hotels
fanden Gefallen an   Falschspiel   und   suchten häufig auf   einige von den besten Hotels

54

in New York. My brother was an excellent actor (he might have
in New York Mein Bruder war ein ausgezeichneter Schauspieler er könnte haben

made an honest name for himself if he had chosen), and he
gemacht einen ehrlichen Namen für sich selbst wenn er hätte [dies] gewählt und er

would take the parts of a young Englishman of title, of a
würde annehmen die Rollen von einem jungen Engländer von [Adels-]Titel von einem

simple lad from the West, or of a college undergraduate,
einfachen Burschen aus dem Westen oder von einem Studenten vor dem ersten Abschluss,

whichever suited Sparrow MacCoy's purpose.
welche auch immer passte zu Sparrow MacCoys Absicht

And then one day he dressed himself as a girl, and he carried it off
Und dann einen Tag er kleidete sich als ein Mädchen und er bewerkstelligte es
carry off = davontragen, mit sich nehmen, erringen, etwas gut zustande bringen

so well, and made himself such a valuable decoy, that it was their
so gut und machte sich [zu] so einem wertvollen Lockvogel dass es war ihr

favourite game afterwards. They had made it right with
liebstes Spiel hinterher Sie hatten gemacht es richtig [geklärt] mit

Tammany and with the police, so it seemed as if nothing could ever
Tammany und mit der Polizei so es schien als ob nichts könnte jemals
Tammany = einflußreiche politische Organisation in New York zum Zeitraum der Handlung

stop them, because with the right contacts, you could do pretty
aufhalten sie denn mit den richtigen Kontakten, man konnte tun ziemlich

nearly everything you wanted.
fast [so gut wie] alles [was] man wollte

"And nothing would have stopped them if they had only stuck to
Und nichts würde haben aufgehalten sie wenn sie hätten nur geblieben bei

cards and New York, but of all things, they had to
Karten[spiel] und New York aber von allen Dingen [ausgerechnet] sie mussten

forge a name upon a cheque. It was my brother that did it,
fälschen einen Namen auf einem Scheck Es war mein Bruder der tat es

though everyone knew that it was under the influence of Sparrow
obwohl jeder wusste dass es war unter dem Einfluss von Sparrow

MacCoy. I bought up that cheque, and a pretty sum it cost me.
MacCoy Ich kaufte auf jenen Scheck und eine hüsche Summe er kostete mich

Then I went to my brother, laid it before him on the table, and
Dann ich ging zu meinem Bruder legte ihn [Scheck] vor ihn auf den Tisch und

swore to him that I would prosecute if he did not clear out of
schwor (an) ihn [ihm] dass ich würde Anzeige erstatten wenn er täte nicht verschwinden aus

the country. At first he simply laughed. I could not prosecute,
dem Land Anfangs er einfach lachte Ich könne nicht Anzeige erstatten

he said, without breaking our mother's heart, and
er sagte ohne brechend unserer Mutter Herz [das Herz unserer Mutter] und

he knew that I would not do that. I made him understand,
er wusste dass ich würde nicht tun dies Ich machte ihn [brachte ihn dazu, zu] verstehen

however, that our mother's heart was being broken in any case, and
jedoch dass unserer Mutter Herz war werdend gebrochen in jedem Fall und

that I was firm on the point that I would rather see him
dass ich war standhaft bei dem Punkt [in der Hinsicht] dass ich würde lieber sehen ihn

in jail than in a New York hotel.
im Gefängnis als in einem New Yorker Hotel

So at last he gave in, and he made me a solemn promise that he
So schließlich er gab nach und er machte mir ein feierliches Versprechen dass er

would see Sparrow MacCoy no more, that he would go to Europe,
würde sehen Sparrow MacCoy nicht [nie] mehr dass er würde gehen nach Europa

and that he would turn his hand to any honest trade that I
und dass er würde zuwenden seine Hand (zu) jedem ehrlichen Gewerbe das ich

helped him to get. I took him down right away to an old
half ihm zu finden Ich brachte ihn hinunter sofort zu einem alten

family friend, Joe Willson, who is an exporter of
Familienfreund [Freund der Familie] Joe Willson der ist ein Exporteur von

American watches and clocks, and I got him to give Edward an
amerikanischen Uhren und Uhren und ich bekam ihn [dazu] zu geben Edward eine

watch = Armband-/Taschenuhr   clock = andere Uhren, z. B. Wanduhren

agency in London, with a small salary and a 15 per cent
Geschäftsstelle in London mit einem kleinen Gehalt und einer 15-Prozent-

commission on all business.
-Provision auf alle Geschäfte

His manner and appearance were so good that he won the
Seine Art und [sein] Auftreten waren so gut dass er für sich einnahm 1... den

old man over at once, and within a week he was sent off to
alten Mann ...1 sofort und innerhalb einer Woche er wurde abgesandt nach

London with a case full of samples. It seemed to me that this
London mit einem Koffer voll von Mustern Es schien (zu) mir dass diese

business of the cheque had really given my brother a fright, and
Sache mit dem Scheck hatte wirklich versetzt meinem Bruder einen Schreck und

that there was some chance of his settling down into an honest
dass da war eine Chance von seiner Eingewöhnung in eine ehrliche

line of life.
Lebenslinie [Lebensart]

My mother had spoken with him, and what she said had touched
Meine Mutter hatte gesprochen mit ihm und was sie sagte hatte berührt

him, for she had always been the best of mothers to him and he
ihn denn sie hatte immer gewesen die beste von [allen] Müttern für ihn und er

had been the great sorrow of her life. But I knew that this man
hatte gewesen die große Sorge von Ihrem Leben Aber ich wusste dass dieser Mann

Sparrow MacCoy had a great influence over Edward and my
Sparrow MacCoy hatte einen großen Einfluss über [auf] Edward und meine

chance of keeping the lad straight lay in breaking the connection
Chance zu halten den Jungen aufrecht lag in brechend die Verbindung

straight = gerade, ordentlich, aufrecht

between them.
zwischen ihnen

I had a friend in the New York detective force, and through him I
Ich hatte einen Freund in der New Yorker Kriminalbehörde und durch ihn ich

kept a watch upon MacCoy. When, within a fortnight
hielt eine Wache über [behielt im Auge] MacCoy Als innerhalb einer Zeit von 14 Tagen

of my brother's sailing, I heard that MacCoy had taken a berth
von meines Bruders Abfahrt ich hörte dass MacCoy hatte genommen ein Kajütenbett

in the Etruria, I was as certain as if he had told me that he was
in [auf] der [Schiffsname] ich war so sicher als ob er [es] hätte gesagt mir dass er war

going over to England for the purpose of coaxing Edward back
fahrend hinüber nach England für den Zweck von überredend Edward zurück

again into the ways that he had left.
wieder in die Wege [Gewohnheiten] die er hatte verlassen

In an instant I had resolved to go also, and to pit my
In einem Augenblick ich hatte beschlossen zu gehen ebenfalls und einzusetzen meinen

influence against MacCoy's. I knew it was a losing
Einfluss gegen MacCoys Ich wusste es war ein verlierender [aussichtsloser]

fight, but I thought, and my mother thought, that it was my duty. We
Kampf aber ich dachte und meine Mutter dachte dass es war meine Pflicht Wir

passed the last night together in prayer for my success, and she
verbrachten den letzten Abend zusammen im Gebet für meinen Erfolg und sie

gave me her own Testament that my father had given her on the day
gab mir ihre eigene Bibel die mein Vater hatte gegeben ihr an dem Tag

of their marriage in the Old Country, so that
von ihrer Heirat in dem alten Land [das Herkunftsland, hier Großbritannien] so dass

I might always wear it next my heart.
ich möge immer tragen sie neben [an] meinem Herzen

"I was a fellow-traveller, on the steamship, with Sparrow MacCoy,
Ich war ein Mitreisender auf dem Dampfschiff mit Sparrow Mac Coy

and at least I had the satisfaction of spoiling his little game for the
und wenigstens ich hatte die Befriedigung zu verderben sein kleines Spiel für die

voyage. The very first night I went into the smoking-room, and found
Reise   Die   allererste Nacht ich ging   in   den   Raucherraum   und   fand

him at the head   of   a card-table, with a   half a dozen young
ihn an dem Kopfende von einem Kartentisch   mit einem   halben Dutzend   junger

fellows who were carrying their full   purses and their empty skulls
Burschen   die   waren   tragend   ihre vollen Geldbörsen und   ihre   leeren   Schädel

over   to Europe. He was settling down for his harvest, and a rich
hinüber nach   Europa   Er war   sich einrichtend   für seine   Ernte   und eine reiche

settle down = sich eingewöhnen, sesshaft werden   settle down to work = richtig mit der Arbeit anfangen

one it would have been. But I   soon changed all that.
(eine) es würde haben geworden Aber ich schnell   änderte   all dies

"'Gentlemen,' said I, 'are you   aware   whom you are playing with?'
[Meine] Herren   sagte ich   sind sie sich bewusst   wem   sie sind spielend   mit

– "'What's that to you? You   mind   your own   business!' said
Was ist   das   für Sie   Sie kümmern sich um   ihre eigenen Angelegenheiten sagte

what's that to you = was geht sie/ dich das an

he, with an oath. -- "'Who is it, anyway?' asked one of the dudes.
er   mit einem Fluch   Wer ist es überhaupt   fragte einer von den Typen

"'He's Sparrow MacCoy, the most notorious card-sharper in the
Er ist   Sparrow   MacCoy   der   berüchtigtste   Falschspieler   in den

States.' -- "Up he jumped with a bottle in his hand, but he
Staaten   Hoch er sprang   mit einer Flasche in seiner Hand   aber er

remembered that he was under the flag of the   effete Old Country,
erinnerte sich   dass er   war   unter   der Flagge von dem verweichlichten Großbritannien

where law and order   run,   and   Tammany   has no   pull.
wo   Gesetz und Ordnung funktionieren und [amerik. politische Organisation] hat keinen Einfluss

Gaol   and the gallows wait for violence and murder, and
[Das] Gefängnis und   die   Galgen warten auf   Gewalt   und   Mord   und

there's   no slipping out by the back door on board of an
da ist [gibt es] kein Herausschlüpfen durch die   Hintertür   an   Bord   von einem

ocean liner.   "'Prove your words, you——!' said he.
Ozeandampfer   Beweisen Sie ihre   Worte   sie   sagte   er

"'I will!'   said I. 'If you will turn up your right shirt-
Ich   will [das werde ich] sagte ich Wenn Sie wollen hochkrempeln ihren rechten Hemds-

sleeve to the shoulder, I will either prove my words or I will eat
ärmel   zu der   Schulter   ich werde entweder beweisen meine Worte oder ich werde essen

eat one's words = seine Worte zurücknehmen   turn white = erbleichen

them.' -- "He turned white and said not a word.
sie   Er   wurde   weiß   und sagte nicht ein Wort

You see, I knew something of his ways, and I
Sie sehen ich wusste etwas über seine Wege [Gewohnheiten] und ich

was aware of that part of the mechanism which he and all such
war mir bewusst dass Teil von dem Mechanismus welcher er und alle solchen

sharpers use consists of an elastic down the arm with a
Falschspieler benutzen besteht aus einem Gummiband hinunter den Arm mit einer

clip just above the wrist. It is by means of this clip that they
Klammer direkt über dem Handgelenk Es ist mit Hilfe von dieser Klammer dass sie

withdraw from their hands the cards which they do not want, while
wegziehen von ihren Händen die Karten welche sie (tun) nicht wollen während

they substitute other cards from another hiding place.
sie ersetzen andere Karten aus einem anderen Versteck

I reckoned on it being there, and it was. He cursed me,
Ich zählte auf es [das Gummiband] seiend dort und es war Er verfluchte mich

slunk out of the saloon, and was hardly seen again during the
stahl sich heraus aus dem Salon und wurde kaum gesehen wieder während der

voyage. For once, at any rate, I got level with Mister Sparrow
Reise Für einmal , zumindest ich erreichte gleiche Höhe mit Herrn Sparrow

rate = Rate, Kurs, Maß, Tarif, (Steuer)satz   be level with sb. = mit jmd. gleichauf liegen

MacCoy. "But he soon had his revenge upon me, for when it came to
MacCoy Aber er bald hatte seine Rache über mich denn wenn es kam zu

influencing my brother he outweighed me every time.
beeinflussend meinen Bruder er überwog mich [stach mich aus] jedes Mal

Edward had kept himself straight in London for the first few
Edward hatte gehalten sich aufrecht [tugendhaft] in London für die ersten paar

weeks, and had done some business with his American watches,
Wochen und hatte gemacht einige Geschäfte mit seinen amerikanischen Uhren

until this villain came across his path once more. I did my best, but
bis dieser Schurke kam über seinen Weg einmal mehr Ich tat mein Bestes aber

the best was little enough. The next thing I heard there had
das Beste war wenig genug Die nächste Sache [als Nächstes] ich hörte da hatte

been a scandal at one of the Northumberland Avenue hotels: a
gewesen ein Skandal in einem von den Northumberland Avenue Hotels Ein

traveller had been fleeced of a large sum by two confederate
Reisender hatte geworden gebracht um eine große Summe durch zwei verbündete

card- sharpers, and the matter was in the hands of Scotland Yard.
Falschspieler und die Sache war in den Händen von [Polizeibehörde]

The first I learned of it was in the evening paper, and I was at once
Das erste ich erfuhr darüber war in der Abendzeitung und ich war sogleich

certain that my brother and MacCoy were back at their old games. I
sicher dass mein Bruder und MacCoy waren zurück bei ihren alten Spielen Ich

hurried at once to Edward's lodgings. They told me that he
eilte sogleich zu Edwards Unterkunft Sie sagten mir [man sagte mir] dass er

and a tall gentleman (whom I recognized as MacCoy) had
und ein großer Herr welchen ich erkannte als MacCoy hatten

gone off together, and that he had left the lodgings and taken
weggegangen miteinander und dass er hatte verlassen die Unterkunft und genommen

his things with him.
seine Sachen mit sich

The landlady had heard them give several directions to the cabman,
Die Vermieterin hatte gehört sie geben mehrere Anweisungen an den Kutscher

ending with Euston Station, and she had accidentally overheard the
endend mit [Stationsname] und sie hatte zufällig mitgehört den

tall gentleman saying something about Manchester. She believed that
großen Herrn sagend etwas über Manchester Sie glaubte dass

that was their destination. A glance at the time-table showed me that
das war ihr Ziel Ein Blick auf den Fahrplan zeigte mir dass

the most likely train was at five, though there was another at 4:35
der wahrscheinlichste Zug war um fünf obwohl da war ein weiterer um 4:35

which they might have caught. I had only time to get the later
welchen sie konnten haben erreicht Ich hatte nur Zeit zu bekommen den späteren

one, but found no sign of them either at the depot or in the train.
(einen) aber fand keine Spur von ihnen weder an dem Bahnhof noch in dem Zug

They must have gone on by the earlier one, so I determined to
Sie mussten haben weitergereist mit dem früheren (einen) so ich beschloss zu

follow them to Manchester and search for them in the hotels there.
folgen ihnen nach Manchester und suchen nach ihnen in den Hotels dort

One last appeal to my brother by all that he owed to my mother
Ein letztes Ersuchen an meinen Bruder bei allem was er schuldete (an) meine Mutter

might even now be the salvation of him.
konnte selbst jetzt sein die Rettung von ihm

My nerves were overstrung, and I lit a cigar to steady them.
Meine Nerven waren überreizt und ich entzündete eine Zigarre zu beruhigen sie

At that moment, just as the train was moving off, the door of my
In jenem Moment gerade als der Zug war fahrend ab, die Tür von meinem

compartment was flung open, and there were MacCoy and my
Abteil wurde mit Schwung geöffnet und da waren MacCoy und mein

brother on the platform. "They were both disguised, and with good
Bruder auf dem Bahnsteig Sie waren beide verkleidet und mit gutem

reason, for they knew that the London police **were after**
Grund denn sie wussten dass die Londoner Polizei [engl. Plural!] waren hinter

them. **MacCoy had** **a** **great astrakhan collar drawn up,** **so that only**
ihnen [her] MacCoy hatte einen großen Persianerkragen hochgeschlagen so dass nur

his **eyes and nose were showing.** **My brother was dressed like** **a**
seine Augen und Nase waren sichtbar Mein Bruder war gekleidet wie eine

woman, with **a** **black** **veil half** **down** **his** **face, but of course**
Frau mit einem schwarzen Schleier halb hinab[reichend] sein Gesicht aber natürlich

it did not deceive me for an **instant, nor would it have done so even**
es tat nicht täuschen mich für einen Augenblick noch würde es haben getan so selbst

if **I had not known that he had often used such a** **dress before.**
wenn ich hätte nicht gewusst dass er hatte oft benutzt solch eine Kleidung zuvor

I started up, and as **I did so** **MacCoy recognized me. He said**
Ich sprang auf und als ich tat so [dies] MacCoy erkannte mich Er sagte

something, the conductor slammed the door, and they were shown
etwas, der Schaffner schlug zu die Tür und sie wurden geleitet

into the **next compartment. I** **tried** **to stop the train so as to** **follow**
in das nächste Abteil Ich versuchte anzuhalten den Zug um zu folgen

them, but the wheels were already **moving,** **and it was too late.**
ihnen aber die Räder waren bereits sich bewegend und es war zu spät

"When we stopped at Willesden, I instantly changed my carriage. It
Als wir hielten bei [Stationsname] ich sofort wechselte meinen Waggon Es

appears that I **was not** **seen to do so,** **which is not surprising, as**
scheint dass ich wurde nicht gesehen zu tun so [dies] was ist nicht überraschend da

the station was crowded with people. MacCoy, of course, was
die Bahnstation war voll mit Menschen MacCoy natürlich war

expecting me, and he had **spent the time between** **Euston and**
erwartend mich und er hatte verbracht die Zeit zwischen [Stationsname] und

Willesden in saying all **he could to harden my brother's heart and**
[Stationsname] mit sagend alles [was] er konnte zu erhärten meines Bruders Herz und

set **him against me.**
aufbringen ihn gegen mich

That is what I **fancy,** **for** **I had never found** **him so**
Das ist was ich mir vorstelle denn ich hatte niemals gefunden [erlebt] ihn so

impossible to **soften or to move. I** **tried** **this way and I** **tried**
unmöglich zu erweichen oder zu bewegen Ich probierte diesen Weg und ich probierte

try this way and that = etwas auf verschiedene Arten versuchen

that; I pictured his future in an **English gaol; I described the**
jenen Ich malte aus seine Zukunft in einem englischen Gefängnis ich beschrieb das

sorrow of his **mother when I** **came back with the news;**
Leid von seiner Mutter wenn ich käme zurück mit den Neuigkeiten

I said everything to touch his heart, but all to no purpose.
Ich sagte alles zu berühren sein Herz aber alles zu keinem Zweck [ohne Erfolg]

He sat there with a fixed sneer upon his handsome face, while
Er saß da mit einem starren Hohnlächeln auf seinem schönen Gesicht während

every now and then Sparrow MacCoy would throw in a
hin und wieder Sparrow MacCoy würde einwerfen eine

taunt at me, or some word of encouragement to hold
spöttische Bemerkung zu mir oder irgendein Wort der Ermutigung zu halten

my brother to his resolutions.
meinen Bruder bei seinen Entschlüssen

-- "'Why don't you run a Sunday-school?' he would say to
Warum tun nicht sie betreiben eine Sonntagsschule er würde sagen zu

me, and then, in the same breath: 'He thinks you have no will
mir und dann in dem gleichen Atemzug Er denkt Du hast keinen Willen

of your own. He thinks you are just the baby brother and that he can
eigenen Er denkt du bist nur der kleine Bruder und dass er kann

lead you where he likes. He's only just finding out that you are a
führen dich wohin er mag Er ist gerade erst findend heraus dass du bist ein

man as well as he.' -- "It was those words of his which
Mann ebenso wie er Es waren diese Worte von seinen [Worten] welche

set me talking bitterly. We had left Willesden, you
veranlassten mich redend erbittert Wir hatten verlassen [Stationsname] Sie

set somebody doing sth. = jemanden dazu veranlassen, etwas zu tun

understand, for all this took some time.
verstehen denn all dies beanspruchte einige Zeit

My temper got the better of me, and for the first time in
Meine Gemütsverfassung [Wut] bekam das Bessere von mir und für das erste Mal in

get the better of somebody = jemanden überwältigen/ unterkriegen (umgangssprachlich)

my life I let my brother see the rough side of me. Perhaps it
meinem Leben ich ließ meinen Bruder sehen die derbe Seite von mir Vielleicht es

would have been better had I done so earlier and more often.
würde haben gewesen besser hätte ich getan so [dies] früher und öfter

"'A man!' said I. 'Well, I'm glad to have your friend's assurance of it,
Ein Mann sagte ich Nun, ich bin froh zu haben deines Freundes Zusicherung darüber

for no one would suspect it to see you like a boarding-school missy.
denn niemand würde vermuten es zu sehen dich wie ein Internatsfräulein

I don't suppose in all this country there is a
Ich tue nicht annehmen in all diesem [im ganzen] Land da ist eine

more contemptible-looking creature than you are as you sit there
verachtenswürdiger aussehende Kreatur als du [es] bist wie du sitzt da

62

with that   Dolly pinafore upon you.' He coloured up   at that, for he
mit diesem Püppchen-Trägerrock an   dir   Er   errötete   daraufhin denn er

was a vain man, and he   winced   from ridicule. "'It's only a
war ein eitler Mann und er zuckte zusammen vom Spott   Es ist nur ein

cloak,' said he, and he slipped it off. 'One   has to throw the
Mantel sagte er und er streifte ihn ab Einer [man] muss abschütteln die

coppers   off one's scent, and I had no other way to do it.'
Polizei [umgangssprachl.] von seinem Geruch und ich hatte keinen anderen Weg zu tun es

He took his hat off with the veil attached, and he put both it   and
Er nahm seinen Hut ab mit dem Schleier angeheftet und er tat sowohl ihn als auch

the cloak into his brown bag. ' Anyway, I don't   need to wear it
den Mantel in seine braune Tasche Wie auch immer ich tue nicht brauchen zu tragen ihn

until the conductor comes round,' said he. "'Nor   then, either ,'
bis der   Schaffner kommt herum sagte er Auch nicht 1... dann   ...1

said I, and taking the bag I slung it with all my force out of the
sagte ich und nehmend die Tasche ich schwang sie mit all meiner Kraft heraus aus dem

window. 'Now,' said I, 'you'll never make a Mary Jane of yourself
Fenster   Nun sagte ich du wirst niemals machen eine Mary Jane aus   dir

while I can help it.   If nothing but that disguise stands
solange ich kann abhelfen dem [es ändern] Wenn nichts außer dieser Verkleidung steht

between you and a   gaol, then to gaol you shall go.'
zwischen dir und einem Gefängnis dann ins Gefängnis du sollst gehen

-- "That was the way to manage him. I felt   my advantage at once.
  Das war der Weg zu handhaben ihn Ich fühlte meinen Vorteil   sogleich

His supple nature was one which yielded to   roughness far more
Seine gefügige Natur war eine welche nachgab zur [der] Rohheit weit bereit-

readily than to   entreaty. He flushed with shame, and his
williger   als zum [dem] flehentlichen Bitten Er errötete vor Scham und seine

eyes filled with tears. But MacCoy saw my advantage also, and was
Augen füllten sich mit Tränen Aber MacCoy sah meinen Vorteil ebenso und war

determined that I should not pursue   it.
entschlossen dass ich sollte nicht weitervervolgen ihn [den Vorteil]

"'He's my pard, and you shall not   bully him,' he cried. "'He's my
Er ist mein Kumpel und Sie werden nicht einschüchtern ihn er schrie Er ist mein

brother, and you shall not ruin him,' said I. 'I believe a spell of
Bruder und Sie werden nicht ruinieren ihn sagte ich Ich glaube eine Weile von

prison is the very   best way of keeping you   apart,   and you
Gefängnis ist der sehr [absolut] beste Weg von haltend euch voneinander fern und ihr
a spell of prison = eine Zeit im Gefängnis   spell = Weile, Zauber, Bann

shall have it,   or it will be   no fault of mine.
sollt haben sie [die Weile] oder es wird sein keine Schuld von meinen [nicht meine Schuld]

' -- "'Oh, you would   squeal,   would you?'   he cried, and in
Oh   sie würden vor Freude kreischen würden Sie [nicht wahr] er schrie und in

an   instant he whipped out   his revolver. I sprang for   his hand,
einem Augenblick er zog blitzschnell heraus seinen Revolver Ich sprang nach seiner Hand

but saw that I was too late, and jumped aside.
aber sah dass ich war zu spät und schnellte zur Seite

At the same instant he fired, and the bullet which would have struck
In dem selben Augenblick er feuerte und die Kugel welche würde haben getroffen

me passed through the heart of my unfortunate brother. "He
mich fuhr durch das Herz von meinem unglücklichen Bruder Er

dropped without a groan upon the floor of the compartment, and
fiel ohne ein Stöhnen auf den Boden von dem Abteil und

MacCoy and I, equally horrified, knelt at each side of him, trying
MacCoy und ich gleichermaßen entsetzt knieten zu jeder Seite von ihm versuchend

to bring back some signs of life.
zu bringen zurück irgendwelche Anzeichen von Leben

MacCoy still held the loaded revolver in his hand, but his anger
MacCoy immer noch hielt den geladenen Revolver in seiner Hand aber sein Zorn

against me and my resentment towards him had both for the moment
gegen mich und mein Groll auf ihn hatten beide für den Moment

been swallowed up   in this sudden tragedy. It was
geworden verschluckt [zum Verschwinden gebracht] in dieser plötzlichen Tragödie Es war

he who first realized the situation. The train was for some reason
er der zuerst erfasste die Situation Der Zug war aus irgendeinem Grund

going very slowly at the moment, and he saw his opportunity for
fahrend sehr langsam zu dem Moment und er sah seine Gelegenheit zur

escape. In an instant he had the door open, but I was as quick as
Flucht In einem Augenblick er hatte die Tür offen aber ich war ebenso schnell wie

he, and jumping upon him the two of us   fell off   the
er und springend auf ihn die beiden von uns [wir beide] fielen herunter von dem

footboard and rolled in each other's arms down a steep
Trittbrett und rollten in des jeweils anderen Armen herunter eine steile

embankment.
Böschung

At the bottom I struck my head against a stone, and I lost
Auf dem Grund ich schlug meinen Kopf gegen einen Stein und ich verlor

consciousness. When I came to myself I was lying among some low
[die] Besinnung Als ich kam zu mir ich war liegend zwischen einigen niedrigen

64

bushes, not far from the railroad track, and somebody was bathing
Büschen nicht weit von der Bahnstrecke und jemand war befeuchtend

my head with a wet handkerchief. It was Sparrow MacCoy. "'I
meinen Kopf mit einem nassen Taschentuch Es war Sparrow MacCoy Ich

guess I couldn't leave you,' said he. 'I didn't want to have the
schätze ich konnte nicht verlassen Sie sagte er Ich tat nicht wollen zu haben das

blood of two of you on my hands in one day.
Blut von zwei von euch an meinen Händen an einem Tag

You loved your brother, I've no doubt; but you didn't love him a
Sie liebten ihren Bruder ich habe keinen Zweifel aber Sie taten nicht lieben ihn einen

cent more than I loved him, though you'll say that I took a
Cent [Deut] mehr als ich liebte ihn obwohl sie werden sagen dass ich nahm einen

queer way to show it. Anyhow, it seems a mighty empty
seltsamen Weg zu zeigen es Wie auch immer es scheint eine mächtig [verdammt] leere

world now that he is gone, and I don't care whether you
Welt nun dass er ist fort und ich tue nicht mich sorgen ob Sie
I don't care = es ist mit egal

give me over to the hangman or not.'
übergeben mich an den Henker oder nicht

-- "He had turned his ankle in the fall, and there we sat, he with
Er hatte verdreht sein Fußgelenk bei dem Sturz und da wir saßen er mit

his useless foot, and I with my throbbing head, and we talked
seinem unbrauchbaren Fuß und ich mit meinem pochenden Kopf und wir redeten

and talked until gradually my bitterness began to soften and to
und redeten bis allmählich meine Bitterkeit begann sich zu mildern und zu

turn into something like sympathy.
verwandeln sich in etwas wie Sympathie

What was the use of revenging his death upon a man who was
Was war der Nutzen von vergeltend seinen Tod an einem Mann der war

as much stricken by that death as I was? And then, as my wits
ebenso schmerzerfüllt durch jenen Tod wie ich [es] war Und dann als meine Sinne

gradually returned, I began to realize also that I could do nothing
allmählich zurückkehrten ich begann zu erkennen außerdem dass ich konnte tun nichts

against MacCoy which would not recoil upon my mother and myself.
gegen MacCoy welches würde nicht zurückfallen auf meine Mutter und mich

How could we convict him without a full account of my
Wie konnten wir überführen ihn ohne einen umfassenden Bericht von meines

brother's career being made public—the very thing which
Bruders Karriere werdend gemacht öffentlich die sehr [genau die] Sache welche

of all others we wished to avoid? It was really as much our interest as
von allen anderen wir wünschten zu vermeiden Es war wirklich ebenso unser Interesse wie

his to cover the matter up , and from being an avenger of
seines zu vertuschen 1... die Angelegenheit ...1 und von seiend ein Rächer des

crime I found myself changed to a conspirator against Justice.
Verbrechens ich fand mich gewandelt zu einem Verschwörer gegen [das] Recht

The place in which we found ourselves was one of those pheasant
Der Ort an dem wir wiederfanden uns war einer von diesen Fasanen-

preserves which are so common in the Old Country, and
naturparks welche sind so weit verbreitet in dem alten Land [Großbritannien] und

as we groped our way through it I found myself consulting the
während wir tasteten unseren Weg hindurch ich fand mich befragend den

> to find oneself doing something = sich dabei ertappen, etwas zu tun

slayer of my brother as to how far it would be possible
Mörder von meinem Bruder hinsichtlich inwieweit es würde sein möglich

to hush it up.
zu vertuschen 1... es ...1

"I soon realized from what he said that unless there were some
Ich schnell erkannte aus was er sagte dass wenn nicht da waren irgendwelche

papers of which we knew nothing in my brother's pockets, there
Unterlagen von welchen wir wussten nichts in meines Bruders Taschen da

was really no possible means by which the police could identify
war wirklich keine denkbare Möglichkeit durch welche die Polizei konnte identifizieren

him or learn how he had got there. His ticket was in MacCoy's
ihn oder erfahren wie er hatte gekommen dorthin Sein Fahrschein war in MacCoys

pocket, and so was the ticket for some baggage which they had
Tasche und so war der Abholschein für einiges Gepäck welches sie hatten

left at the depot. Like most Americans, he had found it
zurückgelassen an dem Bahnhof Wie die meisten Amerikaner er hatte gefunden es

cheaper and easier to buy an outfit in London than to bring one
billiger und leichter zu kaufen eine Ausstattung in London als zu bringen eine

from New York, so that all his linen and clothes were new and
aus New York so dass all seine Wäsche und Kleidung waren neu und

unmarked.
ungekennzeichnet

The bag, containing the cloak, which I had thrown out of the
Die Tasche enthaltend den Mantel welchen ich hatte geworfen heraus aus dem

window, may have fallen among some bramble patch where it is
Fenster mag haben gefallen zwischen irgendwelches Dornengestrüpp wo sie ist

still concealed, or may have been carried off by some
noch immer verborgen oder mag haben geworden mitgenommen von irgendeinem

tramp or may have come into the possession of the
Landstreicher oder mag haben gekommen in den Besitz von der

police, who kept the incident to themselves. Anyhow, I have
Polizei [engl. Plural] die behielten die Sache für sich Wie auch immer ich habe

seen nothing about it in the London papers. As to the watches,
gesehen nichts darüber in den Londoner Zeitungen Was betrifft die Uhren,

they were a selection from those which had been intrusted to him
sie waren eine Auswahl von jenen welche hatten geworden anvertraut an ihn [ihm]

for business purposes.
zu Geschäftszwecken

It may have been for the same business purposes that he was taking
Es mag haben gewesen zu den gleichen Geschäftszwecken dass er war mitnehmen

them to Manchester, but—well, it's too late to enter into that.
sie nach Manchester aber nun es ist zu spät einzugehen in dies [darauf]

"I don't blame the police for being at fault. I don't see how it
Ich nicht beschuldige die Polizei wegen seiend im Unrecht Ich tue nicht sehen wie es

| blame sb. for sth. = jmd. die Schuld an etwas geben | be at fault = auch: nicht weiter wissen |

could have been otherwise. There was just one little clue that they
könnte haben gewesen anders Da war nur ein kleiner Hinweis dem sie

might have followed up, but it was a small one.
könnten haben nachgegangen aber es war ein kleiner (einer)

I mean that small, circular mirror which was found in my brother's
Ich meine jenen kleinen runden Spiegel welcher wurde gefunden in meines Bruders

pocket. It isn't a very common thing for a young man to carry
Tasche Es ist nicht eine ganz gewöhnliche Sache für einen jungen Mann zu tragen

about with him, is it? But a gambler might have told you
herum mit sich ist es [nicht wahr] Aber ein Spieler könnte haben gesagt dir [einem]

| you = auch zur Verwendung in unpersönlichen Formulierungen mit „man" gebraucht |

what such a mirror may mean to a card-sharper.
was solch ein Spiegel kann bedeuten für einen Falschspieler

If you sit back a little from the table, and lay the mirror, face
Wenn man sich zurücklehnt ein wenig von dem Tisch und legt den Spiegel Oberseite

upwards, upon your lap, you can see, as you deal, every card that
aufwärts auf seinen Schoß man kann sehen während man austeilt jede Karte die

you give to your adversary. It was as much a part of a sharper's
man gibt an seinen Gegner Es war ebenso ein Teil von einer Falschspieler-

outfit as the elastic clip upon Sparrow MacCoy's arm. Taking
Ausrüstung wie die elastische Klammer an Sparrow MacCoys Arm Nehmend

that, in connection with the recent frauds at the hotels, the
dies in Verbindung mit den jüngsten Betrügereien in den Hotels die

police might have got hold of one end of the string.
Polizei [engl. Plural] könnten haben geworden habhaft von einem Ende von der Schnur

> get hold of sth. = erreichen, erwischen, etwas in die Hände bekommen

"I don't think there is much more for me to explain. We got to a
Ich tue nicht denken da ist viel mehr für mich zu erklären Wir erreichten ein

village called Amersham that night in the character of two gentlemen
Dorf genannt Amersham in jener Nacht in der Rolle von zwei Herren

upon a walking tour, and afterwards we made our way quietly
auf einer Wandertour und danach wir machten unseren Weg [fuhren] ruhig

> quiet = still, ruhig, leise, friedlich, hier im Sinne von „ohne aufzufallen" verwendet

to London, whence MacCoy went on to Cairo and I returned to
nach London von wo aus MacCoy weiterreiste nach Kairo und ich kehrte zurück nach

New York.
New York

My mother died six months afterwards, and I am glad to
Meine Mutter starb sechs Monate danach und ich bin froh zu

say that to the day of her death she never knew what happened.
sagen dass [bis] zu dem Tag von ihrem Tod sie niemals erfuhr was geschah

She was always under the delusion that Edward was earning an
Sie war stets unter der Illusion dass Edward war sich verdienend einen

honest living in London, and I never had the heart to tell her
ehrlichen Lebensunterhalt in London und ich niemals hatte das Herz zu erzählen ihr

the truth. He never wrote; but, then, he never did write at any
die Wahrheit Er niemals schrieb aber schließlich er niemals tat schreiben zu irgendeiner

> at any time = jederzeit Verwendung mit vorhergehender Verneinung = niemals

time, so that made no difference. His name was the last upon her
Zeit so das machte keinen Unterschied Sein Name war der letzte auf ihren

lips.
Lippen

"There's just one other thing that I have to ask you, sir, and I
Da ist nur eine andere Sache [um] die ich muss bitten Sie Sir und ich

should take it as a kind return for all this explanation, if
würde annehmen es als eine liebenswürdige Erwiderung für all diese Erklärungen wenn

you could do it for me. You remember that Testament that was
Sie könnten tun es für mich Sie erinnern sich an jene Bibel die wurde

picked up. I always carried it in my inside pocket, and it must have
aufgelesen Ich immer trug sie in meiner Innentasche und sie muss haben

come out in my fall. I value it very highly, for it
herausgekommen [herausgefallen] bei meinem Sturz Ich schätze sie sehr hoch denn sie

was the family book with my birth and my brother's marked
war das Familienbuch mit meiner Geburt und meines Bruders [Geburt] notiert

by my father in the beginning of it.
von meinem Vater an dem Anfang von ihr [auf den ersten Seiten der Bibel]

I wish you would apply at the proper place and have it
Ich wünschte Sie würden ein Ersuchen richten an die richtige Stelle und haben sie

sent to me. It can be of no possible value to anyone else.
gesendet an mich Sie kann sein von keinem denkbaren Wert für irgendjemand anderen

have something sent = veranlassen, dass etwas verschickt wird

If you address it to X, Bassano's Library, Broadway, New York, it is
Wenn Sie adressieren sie an X Bassanos Bibliothek [Anschrift] sie ist

come to hand = sich finden, eingehen (Brief, Mitteilung)

sure to come to hand."
sicher zu gelangen zur Hand

Weitere Titel dieser Reihe

Oscar Wilde: The Canterville Ghost / Das Gespenst von Canterville
Englisch / Deutsch
– wörtlich übersetzt –
45 Seiten,   A5,   ISBN 978 – 3 – 94 33 94 – 01 – 6

Edgar Allan Poe: The Murders / Der Doppelmord
Englisch / Deutsch
– wörtlich übersetzt –
57 Seiten,   A5,   ISBN 978 – 3 – 94 33 94 – 09 – 2

In Kürze erscheint
Miguel de Cervantes: Rinconete y Cortadillo / Rinconete und Cortadillo
Spanisch / Deutsch
– wörtlich übersetzt –
 ISBN 978 – 3 – 94 33 94 – 07 – 8

In Standard-Übersetzung – links Schwedisch, rechts Deutsch –

Selma Lagerlöf: Tösen från Stormyrtorpet / Das Mädchen vom Moorhof
Schwedisch / Deutsch
Links Schwedisch – rechts deutsch
111 Seiten, A 5, ISBN 978 – 3 – 94 33 94 – 05 – 4

Harald Holder Verlag, Augsburg
www.holder-augsburg-zweisprachig.de

FSC
www.fsc.org

MIX

Papier aus ver-
antwortungsvollen
Quellen
Paper from
responsible sources

FSC® C105338